Obsessão Desobsessão

Suely Caldas Schubert

Obsessão Desobsessão

Profilaxia e Terapêutica Espíritas

FEB

2ª edição – 9ª impressão – 2 mil exemplares – 4/2015

ISBN 978-85-7328-438-6

FEDERAÇÃO ESPÍRITA BRASILEIRA – FEB
Av. L2 Norte – Q. 603 – Conjunto F (SGAN)
70830-106 – Brasília (DF) – Brasil
www.febeditora.com.br
editorial@febnet.org.br
+55 61 2101 6198

Pedidos de livros à FEB
Gerência comercial – Rio de Janeiro
Tel.: (21) 3570 8973/ comercialrio@febnet.org.br
Gerência comercial – São Paulo
Tel.: (11) 2372 7033/ comercialsp@febnet.org.br
Livraria – Brasília
Tel.: (61) 2101 6184/ falelivraria@febnet.org.br

Texto revisado conforme o novo Acordo Ortográfico.

Dados Internacionais de Catalogação na Publicação (CIP)
(Federação Espírita Brasileira – Biblioteca de Obras Raras)

S384o Schubert, Suely Caldas, 1938–

Obsessão/desobsessão: profilaxia e terapêutica espíritas / Suely Caldas Schubert. – 2. ed. 9. imp. – Brasília: FEB, 2015.

239 p.; 21 cm

ISBN 978-85-7328-438-6

1. Espiritismo. 2. Cura pela fé e Espiritismo. I. Federação Espírita Brasileira. II. Título.

CDD 133.9
CDU 133.7
CDE 30.03.03

Sumário

Segunda Parte

A Terapêutica Espírita

TERCEIRA PARTE

REUNIÃO DE DESOBSESSÃO

QUARTA PARTE

A DESOBSESSÃO NATURAL

Ao querido amigo
Divaldo Franco,
pelo estímulo em todos
os instantes,
a minha gratidão.

S. C. S.

Em torno da Desobsessão

Escrito em linguagem simples, clara, direta e objetiva, este livro aborda a complexa temática do tratamento curativo e preventivo das obsessões, através do Espiritismo codificado por Allan Kardec.

A autora, na Introdução, diz da sua experiência no trabalho de equipe, em centro espírita, no amplo terreno da desobsessão. Vinte e cinco anos passaram-se na ampulheta do tempo, durante os quais dedicou-se às tarefas cristãs de socorro a Espíritos sofredores, encarnados e desencarnados.

Mas, lendo-se e estudando-se o seu livro Obsessão/Desobsessão, *sente-se que Suely Caldas Schubert palmilhou a estrada dos que nesse esforço de elucidação espiritual a precederam, em várias épocas, oferecendo-nos obras clarificadoras do conhecimento mediúnico, no capítulo específico da etiologia da alienação da mente. Por isso, a par da experiência que possui, a autora escreveu fundamentada na familiaridade com o que de bom e atualizado existe e pôde ser transmitido aos leitores.*

Manoel Philomeno de Miranda (Espírito) ditou a Divaldo P. Franco, aos 20-7-1980, especialmente para este livro – que estamos entregando ao público, em nome do Departamento Editorial da FEB –, o interessante estudo que intitulou "Problema de Emergência".

Este compêndio foge à teorização excessiva e à inovação sem proveito, destacando-se no informar e esclarecer, instruir e consolar, adequando e dosando os ensinos segundo o desdobramento de roteiro inteligente aliado às necessidades da desobsessão.

Emmanuel, prefaciando um livro de André Luiz, pelo lápis de Francisco Cândido Xavier, declarou "que a desobsessão não é caça a fenômeno e sim trabalho paciente do amor conjugado ao conhecimento e do raciocínio associado à fé" [...] e que "se a ignorância reclama o devotamento de professores na escola e a psicopatologia espera pela abnegação dos médicos que usam a palavra equilibrante nos gabinetes de análise psicológica, a alienação mental dos Espíritos desencarnados exige o concurso fraterno de corações amigos, com bastante entendimento e bastante amor para auxiliar nos templos espíritas, atualmente dedicados à recuperação do Cristianismo, em sua feição clara e simples". Da leitura da obra de que ora nos ocupamos se depreende que tal é também o entendimento de Suely Caldas Schubert.*

Sendo de estudo da Obsessão e prática da Desobsessão, este novo manual desdobra o assunto de maneira correta, precisa e sempre fraternal e amiga, permitindo que diferentes faixas de lidadores da Mediunidade tenham acesso justo a tão nobre atividade espiritual.

* *Desobsessão*, 4ª edição, FEB, 1979.

Por fim, queremos assinalar que o presente livro equivale, em certo sentido, a formal desmentido de que exista no Brasil, quanto ao respectivo Movimento Espírita, aspiração ou diretriz etilista, pois ele satisfaz plenamente, se observadas as sugestões que contém, à parte alusiva às reuniões e atividades de desobsessão, por pessoas e instituições do Espiritismo, do opúsculo Orientação ao Centro Espírita*.

Rio de Janeiro (RJ), 4 de maio de 1981.

FRANCISCO THIESEN
Presidente da Federação Espírita Brasileira

* Aprovado pelo Conselho Federativo Nacional, da Federação Espírita Brasileira, constituindo conclusões a respeito de estudos procedidos pelos Conselhos Zonais, em seus 3º e 4º Ciclos, de 1975 a 1980. Está em 2ª edição (1981).

Problema de Emergência

O problema da obsessão é, cada vez, mais grave, generalizando-se numa verdadeira epidemia, que assola as multidões engalfinhadas em lutas tiranizantes.

Não havendo morte, no sentido de destruição da vida, o Espírito se despe como se reveste da matéria com os valores que lhe são peculiares, resultado das próprias experiências.

Amores e ódios, afinidades e antipatias não se desfazem sob o passe de mágica da desencarnação.

Cada indivíduo prossegue fora do corpo, consoante viveu, enquanto domiciliado na matéria.

Em razão disso, as atrações espirituais, por simpatia quanto por animosidade, vinculam os afetos como unem os adversários no processo do continuum da vida.

Os amores se sublimam no ministério do auxílio recíproco, enquanto os ódios fazem que as criaturas se comburam nos incêndios vorazes, que são sustentados pelo combustível das paixões inferiores.

Não somente o ódio, porém, responde pela alienação por obsessão.

Fatores outros, do passado e do presente espiritual de cada um, tornam-se a gênese vigorosa desse rude e necessário mecanismo de depuração dos que delinquem...

Amores selvagens, nos quais prevalecem os instintos primitivos; interesses subalternos, que se atribuem direitos de dominação e posse; invejas perniciosas, acionando os mecanismos da destruição; mórbidos ciúmes, que rastreiam aqueles que lhes padecem as injunções, insaciáveis; calúnias e traições, que dormiam, ignoradas, e a desencarnação despertou; avarezas da sordidez, que se permitem a insânia de prosseguir arremetendo contra quem lhes ameace a mesquinhez; orgulhos desvairados e suspeitas felinas, em conciliábulos de loucura; toda uma vasta gama de motivos, injustificáveis, certamente, fazem-se responsáveis pelas ultrizes perturbações que atormentam, desagregam, anulam ou levam ao suicídio muito maior número de incautos, do que se pode supor.

Mecanismos obsessivos há, que se transferem de uma para outra existência – prosseguindo, no interregno da desencarnação-reencarnação – em que os litigantes mudam somente de posição – vítima-algoz, atormentado-atormentador –, sem que se desvinculem da urdidura do mal em que se enredam, até que as soberanas Leis interfiram através da compulsória da expiação liberadora para ambos.

Pululam, por isso mesmo, em gigantesco e multiforme quadro, os desvarios por obsessão.

Empenhar-se para minimizar-lhe os efeitos danosos na comunidade, socorrendo as criaturas, na penosa injunção, é tarefa de todos nós, desencarnados e encarnados.

Iluminar consciências com as diretrizes superiores da Doutrina Espírita; como terapia preventiva, e, ao mesmo tempo, curadora junto aos que sofrem as difíceis conjunturas; aplicar-se a psicoterapêutica do passe, da água magnetizada, do esclarecimento evangélico; socorrer-se à desobsessão direta; em alguns casos recomendar-se a assistência especializada da Medicina, são medidas que não devem, nem podem ser descuradas.

O ministério é emergente, por ser um problema de urgência, para o qual estão convidados todos, especialmente os que se filiam às hostes do Espiritismo com Jesus e tomaram conhecimento com as técnicas, as lições doutrinárias a respeito de tão grave enfermidade da alma.

Assim considerando, saudamos, neste livro, mais um apelo veemente e oportuno para o estudo, entendimento e tomada de posição ante o problema, rogando a Jesus que abençoe a sua autora e todos aqueles lidadores encarnados e desencarnados que a auxiliaram na elaboração do oportuno contributo de que ora nos enriquecemos, para o serviço do bem.

Manoel Philomeno de Miranda

(Página psicografada pelo médium Divaldo P. Franco, em 20-7-1980, no Centro Espírita "Caminho da Redenção", em Salvador, Bahia.)

Introdução

São de todos os tempos as obsessões.
Flagelam os seres, ocasionando-lhes males que se mascaram com variada nomenclatura.

Obsessos famosos estão assinalados pelos fastos da História como indivíduos, no mínimo, excêntricos.

E, hoje em dia, a obsessão sutil ou ostensiva prossegue grassando, alastrando-se por toda parte.

Não nos admiramos que isto aconteça e que a incidência seja cada vez maior, pois, sabemos, através dos ensinamentos da Doutrina Espírita, que a obsessão existe por estarmos ainda eivados de sombras. Ela se alastra porque os seres humanos trazem em si mesmos os germens da inferioridade, que são as matrizes predisponentes, facultando a incursão dos que se erigem em cobradores.

Este o grande problema da humanidade: o confronto entre os que devem e os que se julgam no direito de cobrar. E para que atinjam seus objetivos, utilizam-se de inúmeros métodos, buscando o acerto de contas.

A Doutrina Espírita desvendou-nos os dramas que se desenrolam entre as duas humanidades – a dos encarnados e a dos que estão na espiritualidade, presos ainda ao passado.

Este o problema que analisamos neste livro: o entrechoque das paixões que os homens cultivam em larga escala e que dão origem à obsessão.

Análise despretensiosa, simples como nós mesma. Mas que pretende ser uma contribuição para o entendimento à problemática da obsessão.

Tentamos materializar em letras tudo o que já vimos, vivemos e estudamos sobre o assunto. Faltam-nos, bem sabemos, recursos para um aprofundamento científico do tema. Por isto nosso trabalho é apenas modesta contribuição. Estamos levantando o problema para que outros, melhormente qualificados, o estudem em profundidade.

Os fatos narrados fazem parte da nossa vivência de quase 25 anos em reuniões de desobsessão. A maioria deles vivida no Centro Espírita "Ivon Costa" (de Juiz de Fora), abençoada Casa, onde estamos desde os 11 anos.*

Temos ciência da nossa insignificância e dos modestíssimos recursos mediúnicos de que dispomos. Estamos conscientizada de que o labor desobsessivo beneficiou-nos de maneira direta e efetiva. Não obstante, a mediunidade, clarificada pela Doutrina Espírita, tem sido a bênção maior em nossa existência.

* Os dois casos vividos na "Casa Espírita", tradicional instituição de nossa cidade, foram-nos relatados por Maria Ignês Michels.

Possam estas páginas servir de estímulo aos médiuns que iniciam, aos médiuns que trabalham, aos que estão hesitantes, e, sobretudo dentro do tema enfocado, que sejam úteis aos que trabalham (ou pretendam trabalhar) no abençoado ministério da desobsessão.

Que falem ao coração daquele que sofre a perseguição do passado. Esse passado que nos acompanha a todos.

Leitor, meu irmão! Esta a mensagem que queremos transmitir-lhe: a de que a Doutrina Espírita nos possibilita a vitória na luta contra nós mesmos. A gigantesca batalha entre a sombra e a luz. Por ora, estamos no claro-escuro – a madrugada tentando vencer a noite.

Que possa raiar a manhã de um novo dia, para todos nós.

Juiz de Fora (MG), outubro de 1979.

SUELY CALDAS SCHUBERT

Primeira Parte

A Obsessão

1

As influenciações espirituais

> "Influem os Espíritos em nossos pensamentos e em nossos atos?
>
> Muito mais, do que imaginais. Influem a tal ponto, que, de ordinário, são eles que vos dirigem."
>
> (*O livro dos espíritos*, Allan Kardec, questão 459.)

A assertiva dos Espíritos a Allan Kardec demonstra que, na maioria das vezes, estamos todos nós – encarnados – agindo sob a influência de entidades espirituais que se afinam com o nosso modo de pensar e de ser, ou em cujas faixas vibratórias respiramos.

Isto não nos deve causar admiração, pois se analisarmos a questão sob o aspecto puramente terrestre chegaremos à conclusão de que vivemos em permanente sintonia com as pessoas que nos rodeiam, familiares ou não, das quais recebemos influenciações através das ideias que exteriorizam, dos exemplos que nos são dados, e também que influenciamos com a nossa personalidade e pontos de vista.

Quando acontece de não conseguirmos exercer influência sobre alguém de nosso convívio e que desejamos aja sob o nosso prisma pessoal, via de regra tentamos por todos os meios convencê-lo com argumentos persuasivos de diferente intensidade, a fim de lograrmos o nosso intento.

Natural, portanto, ocorra o mesmo com os habitantes do mundo espiritual, já que são eles os seres humanos desencarnados, não tendo mudado, pelo simples fato de deixarem o invólucro carnal, a sua maneira de pensar e as características da sua personalidade.

Assim, vamos encontrar desde a atuação benéfica de benfeitores e amigos espirituais, que buscam encaminhar-nos para o bem, até os familiares que, vencendo o túmulo, desejam prosseguir gerindo os membros do seu clã familial, seja com bons ou maus intentos, bem como aqueles outros a quem prejudicamos com atos de maior ou menor gravidade, nesta ou em anteriores reencarnações, e que nos procuram, no tempo e no espaço, para cobrar a dívida que contraímos.

Por sua vez, os que estão no plano extrafísico também se acham passíveis das mesmas influenciações, partidas de mentes que lhes compartilham o modo de pensar, ou de outras que se situam em planos superiores, e, no caso de serem ainda de evolução mediana ou inferior, de desafetos, de seres que se buscam intensamente pelo pensamento, num conúbio de vibrações e sentimentos incessantes. Essa permuta é contínua e cabe a cada indivíduo escolher, optar pela onda mental com que irá sintonizar.

Portanto, a resposta dos Espíritos a Kardec nos dá uma noção exata do intercâmbio existente entre os seres humanos, seja ele inconsciente ou não, mas, de qualquer modo, real e constante.

2

Companhias Espirituais

"[...] criando *imagens fluídicas*, o pensamento se reflete no envoltório perispirítico, como num espelho; toma nele corpo e aí de certo modo se *fotografa*. [...] Desse modo é que os mais secretos movimentos de alma repercutem no envoltório fluídico; que uma alma pode ler noutra alma como num livro e ver o que não é perceptível aos olhos do corpo."

(*A gênese*, Allan Kardec, cap. XIV, item 15.)

A uma simples vibração do nosso ser, a um pensamento emitido, por mais secreto nos pareça, evidenciamos de imediato a faixa vibratória em que nos situamos, que terá pronta repercussão naqueles que estão na mesma frequência vibracional. Assim, atrairemos aqueles que comungam conosco e que se identificam com a qualidade de nossa emissão mental.

Através desse processo, captando as nossas intenções, sentindo as emoções que exteriorizamos e "lendo" os nossos pensamentos é que os Espíritos se aproximam de nós e, não raro, passam a nos dirigir, comandando nossos atos. Isso se dá imperceptivelmente. Afinizados conosco, querendo e pensando como nós, fácil se torna a identificação, ocorrendo então que passamos a agir de comum acordo com eles, certos de que a sua é a nossa vontade – tal a reciprocidade de sintonia existente.

Não entraremos na questão do livre-arbítrio, sobejamente conhecida dos espíritas. Sabemos que a nossa vontade é livre de aceitar ou não estas influenciações. Que a decisão é sempre de nossa responsabilidade individual.

O importante é meditarmos a respeito de quanto somos influenciáveis, e quão fracos e vacilantes somos. O Espiritismo, levantando o véu dos mistérios, nos traz a explicação clara demonstrando-nos a verdade e, através desse conhecimento, nos dá condições de vencer os erros e sobretudo de nos preservarmos de novas quedas.

Fácil é pois, aos Espíritos, nos dirigirem. Isto acontece com os homens em geral, sejam eles médiuns ostensivos ou não.

É que, como médiuns, todos somos sensíveis a essas aproximações e ninguém há que esteja absolutamente livre de influenciações espirituais. Escolher a nossa companhia espiritual é de nossa exclusiva responsabilidade. Somos livres para a opção.

No passado, sabemo-lo hoje, escolhemos o lado das sombras, trilhando caminhos tortuosos, tentadores, e que nos pareciam belos. Optamos pelo gozo material, escolhendo a estrada do crime, onde nos chafurdamos com a nossa loucura, enquanto fazíamos sofrer os seres que de nós se aproximavam. Muitos de nós ouvimos a palavra do Cristo e tivemos a sagrada ensancha de optar entre a luz e a sombra. Mas, aturdidos e ensandecidos, preferimos Mamon e César.

Após essa desastrosa decisão, que repercutiria em nosso mundo íntimo, em tragédias de dores acerbas e sofrimentos prolongados pelos séculos afora, fomos rolando, quais seixos levados pela caudal de águas turbilhonantes, tendo junto a nós aqueles que elegemos como companheiros de jornada. Até que chegamos, finalmente, ao porto seguro do Consolador.

Toda essa trajetória está magnificamente narrada por Joanna de Ângelis, no capítulo 24 do seu livro *Após a tempestade*. E ela nos adverte de que já não há mais tempo a perder: "Estes são os momentos em que deveremos colimar realizações perenes. Para tanto, resolvamo-nos em definitivo a produzir em profundidade, acercando-nos de Jesus e por Ele nos deixando conduzir até o termo da jornada."

Eis a opção que o Espiritismo nos faculta agora. Escolha consciente, amadurecida. Escolha feita por quem já sabe e conhece. Por isto mesmo muito mais responsável.

3

O que é a obsessão

"A obsessão é a ação persistente que um Espírito mau exerce sobre um indivíduo. Apresenta caracteres muito diversos, desde a simples influência moral, sem perceptíveis sinais exteriores, até a perturbação completa do organismo e das faculdades mentais."

(*O evangelho segundo o espiritismo*, Allan Kardec, cap. XXVIII, item 81.)

Obsessão – do latim *obsessione*. Impertinência, perseguição, vexação. Preocupação com determinada ideia, que domina doentiamente o espírito, e resultante ou não de sentimentos recalcados; ideia fixa; mania.[1]

1 *Novo dicionário da língua portuguesa*, Aurélio Buarque de Holanda Ferreira.

Vulgarmente a palavra **obsessão** é usada para significar **ideia fixa em alguma coisa**, gerando um estado mental doentio, daí podendo advir manias, cacoetes, atitudes estranhas.

Entre nós, espíritas, o termo tem acepção mais profunda, tal como foi colocado pelo Codificador. Confrontando a significação vulgar do vocábulo e a definição de Kardec, verificaremos que a "preocupação com determinada ideia, que domina doentiamente o espírito", pode também resultar da certeza da culpa existente nos recessos da mente, denotando realmente "perseguição" a traduzir-se na presença do obsessor que vem desforrar-se do antigo algoz ou comparsa.

Esclarece ainda o mestre lionês: [...] "a obsessão decorre sempre de uma imperfeição moral, que dá ascendência a um Espírito mau." [...]

"Quase sempre a obsessão exprime vingança tomada por um Espírito e cuja origem frequentemente se encontra nas relações que o obsidiado manteve com o obsessor, em precedente existência."[2]

Obsessão – cobrança que bate às portas da alma – é um processo bilateral. Faz-se presente porque existe de um lado o cobrador, sequioso de vingança, sentindo-se ferido e injustiçado, e de outro o devedor, trazendo impresso no seu perispírito as matrizes da culpa, do remorso ou do ódio que não se extinguiu.

A obsessão, tanto vista do ângulo do obsidiado quanto do prisma do obsessor, somente ocorre porque os seres humanos ainda carregam em suas almas mais elevada taxa de sombras que de luz. Enquanto isso ocorrer, haverá obsessores e obsidiados: o domínio negativo de quem é mentalmente mais forte, sobre o mais fraco; do credor sobre o devedor. E haverá algozes e vítimas.

2 *A gênese*, Allan Kardec, cap. XIV, item 468, 22ª ed., FEB.

Tal estado de coisas unicamente se harmonizará quando existirem apenas irmãos que se amem.

Resumindo, diremos: configura-se a **obsessão** toda vez que alguém, encarnado ou desencarnado, exercer sobre outrem constrição mental negativa – por um motivo qualquer – através de simples sugestão, indução ou coação, com o objetivo de domínio – processo esse que se repete continuamente, na Terra ou no plano espiritual inferior. E, por conseguinte, teremos o **obsessor** e o **obsidiado**.

4

Gradação das obsessões

"É assim que somos, por vezes, loucos temporários, grandes obsidiados de alguns minutos, alienados mentais em marcadas circunstâncias de lugar ou de tempo, ou, ainda, doentes do raciocínio em crises periódicas, médiuns lastimáveis da desarmonia, pela nossa permanência longa em reflexos condicionados viciosos, adquirindo compromissos de grave teor nos atos menos felizes que praticamos, semi-inconscientemente, sugestionados uns pelos outros, porquanto, perante a Lei, a nossa vontade é responsável em todos os nossos problemas de sintonia."

(*Mecanismos da mediunidade*, André Luiz, psicografia de Francisco Cândido Xavier e Waldo Vieira, cap. XVI.)

O problema da obsessão reside, principalmente, no estado de sutileza em que possa apresentar-se, de tal forma que não é detectada com facilidade, passando muitas vezes inteiramente despercebida.

São influenciações espirituais sutis que levam a pessoa visada a procedimentos dos quais se arrependerá, provavelmente, quando conseguir refletir com algum equilíbrio.

Não se julgue que, debaixo de tais influências, as criaturas ajam como verdadeiras marionetes, completamente destituídas de vontade própria. Ocorre que os obsessores valem-se de processos com os quais acionam intenções recônditas, desejos imanifestos, ocultos nos refolhos do ser, mas que eles captam, açulando-os. O mais corriqueiro é que a pessoa se deixe levar pelo seu lado negativo, já que as sombras ainda têm maior o campo de domínio nos seres humanos.

Não damos, na maioria das vezes, importância alguma aos nossos estados emocionais, que oscilam bastante. Se ponderarmos, iremos constatar que, para o desequilíbrio de nossas emoções, pequeninos nadas tornam-se agentes poderosos e fazem vacilar a nossa aparente serenidade interior, levando-nos a estados de visível turvação mental.

É, sobretudo, no cotidiano, que se patenteiam tais possibilidades, mascaradas, comumente, com o nome de "gênio forte". É com essa desculpa – aceita e generalizada por outros tantos seres humanos com igual "fortaleza de gênio" – que procuramos justificar nossos desvios de caráter, quando assomamos a esta porta com a nossa má-formação íntima a expressar-se na irritação, no mau humor, na ira, na maledicência, e tantos outros procedimentos negativos.

Dependendo da intensidade desses estados é que nos iremos mostrar aos olhos de todos como doentes da alma, cuja insanidade temporária deixa entrever a nossa indigência espiritual. Alienados por breves ou longos momentos, somos tal qual um vulcão em erupção a vomitar lavas e estilhaços da matéria que constitui o nosso mundo interior, vinculados a outros seres em análoga situação, medianeiros todos nós da desarmonia, do desequilíbrio e da loucura.

O que se depreende da advertência de André Luiz é que somos os únicos responsáveis pelas sintonias infelizes do nosso hoje, graças sempre ao longo caminho de vícios que palmilhamos ontem.

Ação e reação. Causa e efeito. Hoje, choramos ao peso das aflições que nós mesmos semeamos. Agora, reclamamos pelos padecimentos obsessivos que nos atormentam a alma. Somos os atormentadores, agora atormentados, como nos fala Manoel Philomeno de Miranda.

5

As várias expressões de um mesmo problema

"[...] existem problemas obsessivos em várias expressões, como os de um encarnado sobre outro; de um desencarnado sobre outro; de um encarnado sobre um desencarnado e, genericamente, deste sobre aquele." – *Manoel Philomeno de Miranda.*

(*Sementes de vida eterna*, Autores diversos, psicografia de Divaldo Pereira Franco, cap. 30.)

Obsessão – um problema a expressar-se de várias maneiras. Além das relacionadas por Manoel P. de Miranda, acrescentaremos: a obsessão recíproca e a auto-obsessão.

ENCARNADO PARA ENCARNADO

Pessoas obsidiando pessoas existem em grande número. Estão entre nós. Caracterizam-se pela capacidade que têm de dominar mentalmente aqueles que elegem como vítimas.

Este domínio mascara-se com os nomes de ciúme, inveja, paixão, desejo de poder, orgulho, ódio, e é exercido, às vezes, de maneira tão sutil que o dominado se julga extremamente amado. Até mesmo protegido.

Essas obsessões correm por conta de um amor que se torna tiranizante, demasiadamente possessivo, tolhendo e sufocando a liberdade do outro.

É por exemplo, o marido que limita a liberdade da esposa, mantendo-a sob o jugo de sua vontade; é a mulher que tiraniza o companheiro, escravizando-o aos seus caprichos; são os pais que se julgam no direito de governar os filhos, cerceando-lhes toda e qualquer iniciativa; são aqueles que, em nome da amizade, influenciam o outro, mudando-lhe o modo de pensar, exercendo sempre a vontade mais forte o domínio sobre a que se apresentar mais passiva.

São ainda as paixões escravizantes que, desequilibrando emocionalmente os seres, podem ocasionar dramas dolorosos, configurados em pactos de suicídio, assassínios etc.

A dominação mental acontece não só no plano terrestre, isto é, nas ocorrências do dia a dia, mas prossegue principalmente durante o sono físico, quando os seres assim comprometidos se defrontam em corpo astral, parcialmente libertos do corpo carnal, dando curso em maior profundidade ao conúbio infeliz em que se permitiram enredar.

O mesmo sucede sob o império do ódio ou quaisquer outros sentimentos de ordem inferior. Até mesmo dentro dos lares, na mesma família, onde se reencontram antigos desafetos, velhos companheiros do mal, comparsas de crimes nefandos, convocados pela Justiça divina ao reajustamento. Entretanto, escravizados ao passado, deixam-se levar por antipatia e aversão recíprocas, que bem poucos conseguem superar de imediato. Surgem daí muitas das rixas familiares, já que esses Espíritos, agora unidos pelos laços da consanguinidade, prosseguem imantados às paixões do pretérito, emitindo vibrações inferiores e obsidiando-se mutuamente.

São pais que recebem, como filhos, antigos obsessores. É o obsessor de ontem que acolhe nos braços, como rebento de sua carne, a vítima de antanho.

E esses seres se entrelaçam nos liames consanguíneos para que tenham a preciosa ensancha de modificar os próprios sentimentos, vencendo aversões, rancores e mágoas.

Reduzido, porém, ainda é o número dos que conseguem triunfar, conquistando o vero sentimento de fraternidade, tolerância e amor. Sem embargo, a experiência vivida, à custa de sacrifícios e lágrimas, será para todos o passo inicial da longa e bela escalada, em busca do Pai que nos aguarda em sua infinita Misericórdia.

Desencarnado para Desencarnado

Espíritos que obsidiam Espíritos. Desencarnados que dominam outros desencarnados, são expressões de um mesmo drama que se desenrola tanto na Terra quanto no plano espiritual inferior.

As humanidades se entrelaçam: a dos seres incorpóreos e a dos que retomaram a carne. Situações que ocorrem na Crosta são, em grande parte, reflexos da odisseia que se desenvolve no Espaço. E vice-versa.

Os homens são os mesmos: carregam os seus vícios e paixões, as suas conquistas e experiências onde quer que estejam.

Por isso há no além-túmulo obsessões entre Espíritos. Por idênticos motivos das que ocorrem na face da Terra.

Em quase todos os processos obsessivos desencadeados pelo que já desencarnou, junto ao que ainda está preso ao veículo físico, o obsessor cioso da cobrança costuma, em geral, aliciar outros Espíritos para secundá-lo em sua vingança. Tais "ajudantes" são invariavelmente inferiores e de inteligência menos desenvolvida que a de seus chefes. A sujeição mental a que se submetem tem suas origens no temor ou até em compromissos ou dívidas existentes entre eles, havendo casos em que o "chefe" os mantém sob hipnose – processo análogo, aliás, ao utilizado com as vítimas encarnadas.

O jugo dos obsessores só é possível em razão da desarmonia vibratória de suas presas, que só alcançarão a liberdade quando modificarem a própria direção mental. Certamente recebem, tanto quanto os obsessores, vibrações amorosas e equilibradas dos benfeitores espirituais, que lhes aguardam a renovação. Espíritos endividados e compromissados entre si mesmos, através de associações tenebrosas, de idêntico padrão vibratório, se aglomeram em certas regiões do Espaço, obedecendo à sintonia e à lei de atração, formando hordas que erram sem destino ou se fixam temporariamente, em cidades, colônias, núcleos, enfim, de sombras e trevas. Tais núcleos têm dirigentes, que se proclamam juízes, julgadores, chamando a si a tarefa de distribuir "justiça" aos Espíritos igualmente culpados e também devotados ao mal, ou endurecidos pela revolta e pela descrença. Na obra *Libertação*, de André Luiz, encontramos a descrição de uma dessas cidades e no livro *Nos bastidores da obsessão*, de Manoel P. de Miranda, temos notícia também de um desses núcleos trevosos.

Aí, nesses redutos das sombras, comete-se toda sorte de atrocidades e os Espíritos aferrados ao mal são julgados e condenados por outros ainda em piores condições. Torturas inimagináveis, crueldades, atos nefandos são praticados por esses seres que se afastaram, deliberadamente, do bem. Esses agentes do mal, todavia, não estão abandonados pela misericórdia do Senhor, e sempre que ofereçam condições propícias são balsamizados pelas luzes divinas a ensejar-lhes a transformação. Um dia retornarão ao aprisco, porque nenhuma das ovelhas se perderá...

DE ENCARNADO PARA DESENCARNADO

À primeira vista, a obsessão do encarnado sobre o desencarnado pode parecer difícil ou mais rara de acontecer. Mas, ao contrário, é fato comum, já que as criaturas humanas, em geral por desconhecimento, vinculam-se obstinadamente aos entes amados que as precederam no túmulo.

Expressões de amor egoísta e possessivo, por parte dos que ainda estão na carne, redundam em fixação mental naqueles que desencarnaram, retendo-os às reminiscências da vida terrestre. Essas emissões mentais constantes, de dor, revolta, remorso e desequilíbrio terminam por imantar o recém-desencarnado aos que ficaram na Terra, não lhes permitindo alcançar o equilíbrio de que carece para enfrentar a nova situação.

A inconformação e o desespero, pois, advindos da perda de um ente querido, podem transformar-se em obsessão que irá afligi-lo e atormentá-lo.

Idêntico processo se verifica quando o sentimento que domina o encarnado é o do ódio, da revolta etc.

É bastante comum, também, que herdeiros insatisfeitos com a partilha dos bens determinada pelo morto se fixem mentalmente neste, com seus pensamentos de inconformação e rancor. As disputas de herança afetam dolorosamente os que já se desprenderam dos liames carnais, se estes ainda não conquistaram posição espiritual de equilíbrio. E, mesmo neste caso, a disputa entre os herdeiros em torno dos bens irá confrangê-los e preocupá-los.

Ah! se os homens pensassem um pouco mais na vida além da vida transitória, se dedicassem mais atenção às coisas espirituais, se dessem mais valor aos bens eternos que constituem o verdadeiro tesouro, se relembrassem os sublimes ensinamentos do Cristo, certamente haveria menos corações infelizes a transitarem entre os dois planos, hesitando entre a espiritualidade que lhes acena com novas perspectivas e as solicitações inferiores que os atraem e os imantam à retaguarda.

De Desencarnado para Encarnado

É a atuação maléfica de um Espírito sobre um encarnado.

O processo obsessivo entre os seres invisíveis e os que estão encarnados parece ser o de maior incidência.

Evidentemente, por ser mais fácil ao desencarnado influenciar e dominar a mente daquele que está limitado pelo veículo somático.

Agindo nas sombras, o obsessor tem, a seu favor, o fato de não ser visível e nem sempre percebido ou pressentido pela sua vítima. Esta, incauta, imprevidente, desconhecendo até a possibilidade da sintonia entre os seres do plano espiritual e os da Esfera Terrestre, deixa-se induzir, sugestionar e dominar pelo perseguidor, que encontra em seu passado as "tomadas" mentais que facultarão a conexão. Estas "tomadas" são os fatores predisponentes, como a presença da culpa e do remorso. Nem sempre, contudo, o Espírito está consciente da sua influência negativa sobre o encarnado. Não raro, desconhecendo a sua situação, pode, sem o saber, aproximar-se de uma pessoa com a qual se afinize e assim prejudicá-la com suas vibrações. Outros o fazem intencionalmente; a maioria, com o intuito de perseguir ou vingar-se, como veremos nos capítulos seguintes.

OBSESSÃO RECÍPROCA

A obsessão pode assumir ainda, em qualquer de suas expressões até agora mencionadas, a característica de obsessão recíproca.

Na vida real é fácil encontrar casos que confirmem isto. Assim como as almas afins e voltadas para o bem cultivam a convivência amiga e fraterna, na qual buscam o enriquecimento espiritual que as possa nutrir e confortar, assim também, sob outro aspecto, as criaturas se procuram para locupletar-se das vibrações que permutam e nas quais se comprazem. Apenas, uma vez mais, uma questão de escolha.

André Luiz, observando o caso de Libório – que obsidiava a mulher por quem sentia paixão, vampirizando-lhe o corpo físico – esclarece a respeito: "O pensamento da irmã encarnada que o nosso amigo vampiriza está presente nele, atormentando-o. Acham-se ambos sintonizados na mesma onda. É um caso de **perseguição recíproca**. [...] enquanto não lhes modificamos as disposições espirituais [...] jazem no regime da escravidão mútua, em que obsessores e obsidiados se nutrem das emanações uns dos outros." (Grifo nosso.)[3]

3 *Nos domínios da mediunidade*, André Luiz, psicografia de Francisco Cândido Xavier, cap. 14, 10ª ed., FEB.

Essa característica de reciprocidade transforma-se em verdadeira simbiose, quando dois seres passam a viver em regime de comunhão de pensamentos e vibrações. Isto ocorre até mesmo entre os encarnados que se unem através do amor desequilibrado, mantendo um relacionamento enervante.

São as paixões avassaladoras que tornam os seres totalmente cegos a quaisquer outros acontecimentos e interesses, fechando-se ambos num egoísmo a dois, altamente perturbador. Esses relacionamentos, via de regra, terminam em tragédias se um dos parceiros modificar o seu comportamento em relação ao outro.

Não raro, encontramos em nossas reuniões casos de obsidiados que estão sendo tratados e que afirmam desejar livrar-se do jugo do obsessor. Quando este, entretanto, comunica-se gaba-se de que o encarnado o chama insistentemente e diz precisar dele (obsessor), não se podendo separar, pois necessitam um do outro. Alguns chegam mesmo a proclamar que entre ambos existe paixão, razão pela qual têm de permanecer juntos.

Se o encarnado diz que pretende libertar-se, isto se deve ao fato de que fisicamente ele sofre com tal situação. No íntimo, todavia, tem prazer em situar-se como vítima. Durante o sono, por certo, busca a companhia do outro, comprazendo-se com a permuta de vibrações e sensações.

A AUTO-OBSESSÃO

"O homem não raramente é o obsessor de si mesmo"[4], é o que assevera o Codificador.

4 *Obras póstumas*, Allan Kardec, Primeira Parte, "Manifestações dos Espíritos", item 58, 17ª ed., FEB.

Tal coisa, porém, bem poucos admitem. A grande maioria prefere lançar toda a culpa de seus tormentos e aflições aos Espíritos, livrando-se, segundo julgam, de maiores responsabilidades.

Kardec vai mais longe e explica: "Alguns estados doentios e certas aberrações que se lançam à conta de uma causa oculta, derivam do Espírito do próprio indivíduo."[5]

Tais pessoas estão ao nosso redor. São doentes da alma. Percorrem os consultórios médicos em busca do diagnóstico impossível para a medicina terrena. São obsessores de si mesmos, vivendo um passado do qual não conseguem fugir. No porão de suas recordações estão vivos os fantasmas de suas vítimas, ou se reencontram com os a quem se acumpliciaram e que, quase sempre, os requisitam para a manutenção do conúbio degradante de outrora.

Esses, os auto-obsidiados graves e que se apresentam também subjugados por obsessões lamentáveis. São os inimigos, as vítimas ou os comparsas a lhes baterem às portas da alma.

Mas existem também aqueles que portam auto-obsessão sutil, mais difícil de ser detectada. É, no entanto, moléstia que está grassando em larga escala atualmente.

Um médico espírita disse-nos, certa vez, que é incalculável o número de pessoas que comparecem aos consultórios, queixando-se dos mais diversos males – para os quais não existem medicamentos eficazes – e que são tipicamente portadores de auto-obsessão. São cultivadores de "moléstias fantasmas". Vivem voltados para si mesmos, preocupando-se em excesso com a própria saúde (ou se descuidando dela), descobrindo

5 *Obras póstumas*, Allan Kardec, Primeira Parte, "Manifestações dos Espíritos", item 58, 17ª ed., FEB.

sintomas, dramatizando as ocorrências mais corriqueiras do dia a dia, sofrendo por antecipação situações que jamais chegarão a se realizar, flagelando-se com o ciúme, a inveja, o egoísmo, o orgulho, o despotismo e transformando-se em doentes imaginários, vítimas de si próprios, atormentados por si mesmos.

Esse estado mental abre campo para os desencarnados menos felizes, que dele se aproveitam para se aproximarem, instalando-se, aí sim, o desequilíbrio por obsessão.

6

O que predispõe à obsessão

"[...] as imperfeições morais dão azo à ação dos Espíritos obsessores."

(*O livro dos médiuns*, Allan Kardec, item 252.)

Tal como acontece quando nos apresentamos com predisposição para um mal físico qualquer, assim também ocorre no campo espiritual.

Pensamentos e estados emocionais negativos criam zonas mórbidas em nosso campo mental, facultando a inoculação de pensamento alheio, que, virulento – por ser de teor inferior –, age em nós como se fora uma afecção mental, instalando-se em decorrência o processo obsessivo.

Somente existe a obsessão porque há endividados, criaturas que se procuram através dos tempos para acertar os débitos do passado.

E somente existem esses processos dolorosos de resgate porque o homem ainda é imperfeito, trazendo em si mesmo maior quota de sombras, mais pesada bagagem de inferioridade.

Emergindo lentamente do limo da terra, da ganga da materialidade, só a muitos pesares e dores está conseguindo alijar o fardo de imperfeições que carrega.

Neste sentido, a obsessão vem sendo o acúleo doloroso que o impele a mais rapidamente livrar-se do fardo da inferioridade.

Manoel Miranda esclarece: "Em toda obsessão, mesmo nos casos mais simples, o encarnado conduz em si mesmo os fatores predisponentes e preponderantes – os débitos morais a resgatar – que facultam a alienação."[6]

Este mesmo autor, em outra obra (*Grilhões partidos*) refere-se a "causas cármicas, aquelas que precedem à vida atual e que vêm impressas no psicossoma (ou perispírito) do enfermo, vinculado pelos débitos transatos àqueles a quem usurpou, abusou, prejudicou..."

...

O caso de E... demonstra a existência dessas causas cármicas, predispondo à obsessão e enfermidades.

E... desde a mocidade foi uma pessoa enfermiça, sempre sofrendo de várias doenças, principalmente de uma inexplicável dor nas pernas, sem razões plausíveis para a Medicina.

Frequentando as reuniões públicas da "Casa Espírita", durante anos, E... tornou-se com o tempo participante de uma

6 *Nos bastidores da obsessão*, Manoel Philomeno de Miranda, psicografia de Divaldo Pereira Franco, "Examinando a obsessão", 2ª ed., FEB.

das reuniões mediúnicas. Frequentadora assídua, comparecia semanalmente, mas sempre queixando-se de suas dores.

Certo dia, teve a surpresa de assistir à comunicação de um Espírito que disse ter sido seu escravo em existência anterior e que havia morrido de fome e sede, depois de passar dias acorrentado, por sua ordem. Confessou persegui-la há anos e, após ouvir as ponderações do doutrinador, disse que só a deixaria se ela lhe pedisse perdão. Apesar de conhecer o mecanismo da reencarnação e da lei de causa e efeito, apesar de conhecer a lei de amor e os ensinamentos evangélicos que o Espiritismo veio reviver, E... recusou-se a pedir perdão a um "negro escravo", evidenciando todo o orgulho que ainda carrega dentro de si. É que, na realidade, embora conhecendo a Doutrina Espírita, ainda não a **sentia** no coração.

Hoje, com avançada idade, a Sra. E... continua a carregar os seus males, agravados pela idade e pela persistência no orgulho, principalmente padecendo de dores nas pernas, acorrentada que está ao seu passado, como escrava da prepotência e do egoísmo. Apesar de tomar semanalmente o seu passe...

7

Invigilância: a porta para a obsessão

"Estai de sobreaviso, vigiai e orai; porque não sabeis quando será o tempo" – *Jesus.*

(Marcos, 13:33.)

A existência dos fatores predisponentes – causas cármicas – facilitam a aproximação dos obsessores, que, entretanto, necessitam descobrir o momento propício para a efetivação da sintonia completa que almejam.

Este momento tem o nome de **invigilância**. É a porta que se abre para o mundo íntimo, facilitando a incursão de pensamentos estranhos, cuja finalidade é sempre o conúbio degradante entre mentes desequilibradas, o inevitável encontro entre credor e devedor, os quais não conseguiram resolver suas divergências pelos caminhos do perdão e do amor.

É o instante em que o cobrador, finalmente, bate às portas da alma de quem lhe deve. E, sempre o faz, nessas circunstâncias, pela agressão, que poderá vir vestida de sutilezas, obedecendo a um plano habilmente traçado ou de maneira frontal para atordoar e desequilibrar de vez a vítima de hoje.

Momentos de invigilância existem muitos. Todos os temos em incontáveis ocasiões.

Citaremos alguns dos estados emocionais que representam invigilância em nossa vida: revolta, ódio, ideias negativas de qualquer espécie, depressão, tristeza, desânimo, pessimismo, medo, ciúme, avareza, egoísmo, ociosidade, irritação, impaciência, maledicência, calúnia, desregramentos sexuais, vícios – fumo, álcool, tóxicos etc.

Adverte-nos Scheilla: "Toda vez que um destes sinais venha a surgir no trânsito de nossas ideias, a Lei divina está presente, recomendando-nos a prudência de parar no socorro da prece ou na luz do discernimento."[7]

Um momento de invigilância pode ocasionar sérios problemas, se este for o instante em que o obsessor tentar conseguir a sintonia de que necessita para levar avante os seus planos de vingança.

Convém ressaltar que um minuto ou um instante de medo, revolta, impaciência etc., não significa necessariamente que a pessoa esteja obsidiada. Mas, sim, que uma ocasião destas poderá ser utilizada pelo obsessor como ensejo que ele aguarda para insuflar na vítima as suas ideias conturbadas. Desde que estes estados de invigilância passem a ser constantes,

7 *Ideal espírita*, Autores diversos, psicografia de Francisco Cândido Xavier, cap. 27, 7ª ed., CEC.

repetindo-se e tornando-se uma atitude habitual, aí obviamente estará configurada a predisposição para o processo obsessivo.

Recordemo-nos de que qualquer ideia fixa negativa que venha nos perturbar emocionalmente, é sempre **sinal de alarme**, ante o qual deveremos fazer valer em nossa vida o sábio ensinamento do Mestre: "Estai de sobreaviso, vigiai e orai; porque não sabeis quando será o tempo."

8

A escravização do pensamento

"Haverá no homem alguma coisa que escape a todo constrangimento e pela qual goze ele de absoluta liberdade?

No pensamento goza o homem de ilimitada liberdade, pois que não há como pôr-lhe peias. Pode-se-lhe deter o voo, porém, não aniquilá-lo."

(*O livro dos espíritos*, Allan Kardec, questão 833.)

Obsessão é escravização temporária do pensamento, imantando credores e devedores, que inconscientemente ou não se buscam pelas leis cármicas.

Pelo pensamento nós nos libertamos ou nos escravizamos.

O homem não tem sabido usar o pensamento.

Somente agora se está inteirando das suas próprias potencialidades. Somente agora está começando a descobrir que **ele é o que pensa.** Que seus pensamentos são ele mesmo, isto é, expressam sua individualidade, a essência mesma de que é feito, com todas as peculiaridades que integram a sua personalidade.

Unicamente agora o ser humano se está apercebendo de que se tem mantido cerceado, por ter viciado o seu pensamento, acostumando-o a transitar apenas entre as baixas esferas, que vão dos instintos às paixões que o avassalam. Que se fez escravo destas, alimentando-se dos vícios e sendo por eles dominado.

Somente com o desenrolar dos evos é que o raciocínio humano está começando a acionar o seu imenso cabedal para as mais altas finalidades do Espírito.

Recebendo os sublimes ensinamentos de Jesus, ainda assim, habituado a manipular o pensamento para fazê-lo servir aos seus interesses egoísticos, distorceu por quase dois milênios a mensagem clarificadora do Evangelho.

Lentamente, a duras penas, as criaturas estão descobrindo as ilimitadas potencialidades que têm em si mesmas. Aos poucos estão-se dando conta de que cada ser é um universo em miniatura, expansível pelo pensamento e pelo sentimento e que possui como atributo a eternidade.

A Doutrina Espírita, revivendo os ensinamentos do Cristo, tem contribuído, fundamentalmente, para despertar o homem para a Verdade. O Espiritismo veio ensinar a libertação do pensamento, jugulado ao peso imensurável da servidão material, mostrando a espiritualidade que existe em cada ser, a qual, até agora, a grande maioria preferiu ignorar.

As obsessões são, pois, em realidade, escravização temporária da mente. É o voo do pensamento, de súbito detido, prisioneiro.

Mesmo o homem moderno, que se orgulha de suas conquistas, arranja mil pretextos para tornar-se escravo não só de si mesmo como também de outros homens, de situações e até – principalmente isto – de coisas materiais, gabando-se, inclusive, dessas preferências, completamente ignorante das verdadeiras metas da vida e dos reais valores.

Jactando-se de viver no século XX, quando o avanço do conhecimento atingiu culminâncias jamais imaginadas, o homem, ainda assim, torna-se:

Escravo dos vícios.
Escravo do sexo.
Escravo do dinheiro.
Escravo do lazer.
Escravo da máquina.

Escravo de tudo, quando, negando a Deus, se permite a mais abjeta e dolorosa escravidão: o seu autoenclausuramento na masmorra sombria do egoísmo avassalante.

O Espiritismo veio ensinar o processo de libertação. O modo de se libertar de todas as servidões inferiores.

Mil formas de escravidão e uma só forma de libertação: Jesus!

"Eu sou a Porta", disse Ele.

"A Verdade vos fará livres..."

9

O processo obsessivo

"Justapondo-se sutilmente *cérebro* a cérebro, *mente* a mente, *vontade* dominante sobre vontade que se deixa dominar, *órgão* a órgão, através do perispírito pelo qual se identifica com o encarnado, a cada cessão feita pelo *hospedeiro*, mais coercitiva se faz a presença do *hóspede*, que se transforma em parasita insidioso..."

(*Nos bastidores da obsessão*, Manoel Philomeno de Miranda, psicografia de Divaldo Pereira Franco, "Examinando a obsessão".)

Encontrando em sua vítima os condicionamentos, a predisposição e as defesas desguarnecidas, disso tudo se vale o obsessor para instalar a sua onda mental na mente da pessoa visada. A interferência se dá por processo análogo ao que acontece no rádio, quando uma emissora clandestina passa a utilizar determinada frequência operada por outra, prejudicando-lhe a transmissão. Essa interferência estará tanto mais assegurada quanto mais forte, potente e constante ela se apresentar, até abafar quase por completo os sons emitidos pela emissora burlada.

O perseguidor age persistentemente para que se efetue a ligação, a sintonia mental, enviando os seus pensamentos, numa repetição constante, hipnótica, à mente da vítima, que, incauta, **invigilante**, assimila-os e reflete-os, deixando-se dominar pelas ideias intrusas.

Kardec explica que há também um envolvimento fluídico: "Na obsessão, o Espírito atua exteriormente, com a ajuda do seu perispírito, que ele identifica com o do encarnado, ficando este afinal enlaçado por uma como teia e constrangido a proceder contra a sua vontade."[8]

Há, pois, uma afinização da aura de ambos, uma identificação, cujas raízes se encontram nos compromissos do passado, possibilitando a sintonização inicial, que, por carência de méritos morais do paciente e por sua invigilância, transforma-se em obsessão.

A princípio, é uma ideia que o perseguidor emite e que, repetida, acaba por se fixar, perturbando o fluxo do pensamento de quem está sendo visado. Tendo a liberdade de escolha para refugar ou aceitar os pensamentos intrusos, a vítima geralmente se deixa dominar, torna-se passiva, por trazer nos refolhos da consciência a sensação da culpa ou, conforme o caso, por se comprazer no conúbio mental que se está instalando.

O obsessor atua na ânsia de alcançar os seus intentos, certo de que a perseverança, a perseguição sem tréguas, a constância da manifestação de sua vontade subjugarão o seu devedor.

8 *A gênese*, Allan Kardec, cap. XIV, item 47, 22ª ed., FEB.

É uma guerra sem quartel, que não tem hora e nem local, que se processa de modo silencioso e às ocultas, tendo por campo de batalha as consciências endividadas e como arma o pensamento dos contendores. O obsessor usará de variados estratagemas, de táticas diferentes, dependendo do seu grau de inteligência. Aquele que está sendo perseguido pode, aparentemente, apresentar-se indefeso. Mas, mesmo o maior dos devedores, terá ao seu alcance o escudo da prece e o amparo das Hostes de Luz, que lhe oferecem recursos para a defesa. A maioria, porém, fecha-se no poço de seus próprios erros, não enxergando as oportunidades sagradas de redenção que o Pai oferece. Afastando-se propositadamente da luz, deixar-se-á envolver pelas trevas. Estas durarão até que a vítima se resolva a sair, finalmente, para a claridade de uma nova vida.

...

André Luiz, no livro *Libertação*, analisando a obsessão de Margarida, denominou-a de "cerco temporariamente organizado" e observou que os obsessores atuavam de forma cruel e meticulosa. Ao lado dela ficavam permanentemente Espíritos hipnotizadores. Entre as técnicas utilizadas por eles, ressaltamos o que se poderia chamar de "vibrações maléficas", isto é, energias desequilibrantes e perturbadoras que eram aplicadas pelos algozes com a finalidade de prostrá-la, colocando-a completamente vencida.

Além da constrição mental, o perseguidor se utiliza também do envolvimento fluídico, o que torna o paciente combalido, com as suas forças debilitadas, chegando até ao estado de prostração total. Dessa forma ele não tem condições de lutar por si mesmo, cerceado mentalmente e enfraquecido fisicamente.

Após consolidar o cerco, o obsessor passa a controlar sua vítima por telepatia, favorecida agora pela sintonia mental que se estabeleceu entre ambos. Essa comunhão mental é estreita e, ainda que a distância, o perseguidor controla o perseguido, que age teleguiado pela mente mais forte.

Não podemos perder de vista que isto acontece porque os seres humanos, desviados dos retos caminhos, preferem situar-se mentalmente em faixas inferiores, escolhendo com esse comportamento as suas próprias companhias espirituais.

10

As consequências da obsessão

"A subjugação corporal, levada a certo grau, poderá ter como consequência a loucura?

Pode, a uma espécie de loucura cuja causa o mundo desconhece, mas que não tem relação alguma com a loucura ordinária. Entre os que são tidos por loucos, muitos há que apenas são subjugados; precisariam de um tratamento moral, enquanto que com os tratamentos corporais os tornam verdadeiros loucos. Quando os médicos conhecerem bem o Espiritismo, saberão fazer essa distinção e curarão mais doentes do que com as duchas."

(*O livro dos médiuns*, Allan Kardec, item 254, 6ª questão.)

Quando ultrapassam o limite de simples influenciações, enraizando-se na mente da vítima que passa a viver sob o domínio quase total do obsessor, as obsessões assumem caráter de subjugação ou possessão e ocasionam sérios danos ao organismo do obsidiado. Surgem, assim, distúrbios variados, difíceis de serem diagnosticados com precisão e difíceis até de serem constatados.

Se refletirmos bem, iremos verificar que os problemas que acometem o obsidiado são bastante complexos e dolorosos.

A obsessão é a escravização momentânea do pensamento, quando este se apresenta tolhido na sua livre manifestação, em razão de onda mental alheia que o constringe e perturba, impedindo a sua expansão, o seu voo.

Qualquer cativeiro é doloroso. O cativeiro físico apresenta a possibilidade de deixar liberto o pensamento do cativo. Na obsessão, entretanto, o ser torna-se escravo de maneira integral. É a pior forma de servidão. A mais pungente. E também a que mais nos toca o coração.

Quando uma criatura cai nas malhas do cativeiro físico, mantém livre o seu pensamento, que de muitas formas se expande em sonhos, fé e esperanças, tornando pelo menos suportável o cerceamento material. Mas, nos processos obsessivos graves, a pessoa se apresenta aparentemente livre, porém, em realidade, está acorrentada, mentalmente dominada por seres invisíveis que detêm o voo do seu pensamento, isto é, da manifestação da própria essência da individualidade, do Espírito. Esse confinamento, essa prisão, a mais triste, escura e solitária é, pois, a mais cruel e a que mais faz sofrer.

Soma-se à influência dos obsessores a sensação, a certeza do remorso, do passado que se ergue como fantasma insepulto e que vem assombrar os dias presentes.

Então, realmente, o obsidiado é prisioneiro em todos os sentidos, vencido ao peso de tormentos inenarráveis que ele mesmo engendrou, e avança em sua aspérrima caminhada, tentando evadir-se da miserável cela onde geme e chora, para o claro sol da liberdade.

Na noite tempestuosa em que se debate, imaginemos, por um instante, o que representa para ele os recursos que a Doutrina Espírita lhe oferece. Somente o Espiritismo tem condições de dar a esses sofredores o alívio, a compreensão, o caminho para a liberdade. É a chave que vem abrir as portas da masmorra pessoal e livrar da mais completa escravidão não apenas os obsidiados, mas também os obsessores, que, afligindo e fazendo sofrer, automaticamente se aprisionam ao jugo do ódio, que os converte também em escravos e em vítimas, tal como acontece àqueles a quem perseguem.

...

Encontramos no caso Ester, narrado por Manoel Philomeno de Miranda em sua obra *Grilhões partidos*, o exemplo de obsessão em grau muito avançado, com características de possessão. O autor narra com detalhes os tormentos que a obsidiada enfrenta.

Evidentemente são sofrimentos acerbos. Tolhida em seu pensamento, incapaz de se exteriorizar, a doente padece a aflição de sentir que uma figura apavorante[9] se intromete em sua casa mental, roubando-lhe a paz, quebrando-lhe a resistência e ocasionando, com o seu pensamento desequilibrado, alucinações, visões terríveis que a enchem de terror.

O medo que então experimenta desestrutura-a psiquicamente, fazendo-a viver em clima de constante pesadelo, do qual não consegue despertar.

9 Na maioria dos casos, não há apenas um obsessor mas vários, já que ele alicia os comparsas de que carece para melhor atingir os seus fins.

Se tenta agir, gritar, reagir, não tem forças, não comanda mais o seu próprio comportamento e vê-se perdida no cipoal de ideias enlouquecedoras, que sabe não serem as suas, mas às quais tem que obedecer porque se sente dominada em todos os centros de registro.

A permanência nesse estado lesa o organismo físico, instalando-se nele enfermidades reais.

Dessa forma, a obsessão pode ter como consequência, entre outras, a loucura, a epilepsia, a esquizofrenia, e levar ao suicídio, ou aos vícios em geral.[10]

Temos presenciado muitos casos dolorosos, onde a aparente loucura mascara o verdadeiro quadro: a possessão.

Certa vez, logo que iniciamos o trabalho desobsessivo, fomos chamada para aplicar um passe. Segundo nos informaram, a doente, em crise de loucura, estava amarrada ao leito, a fim de se evitar que se machucasse ou se matasse.

Cercamo-nos de todos os cuidados espirituais que são imprescindíveis num labor desse quilate. Fomos em companhia de pessoa bastante experiente nesses trabalhos. Chegando ao lar da enferma, soubemos que ela era recém-casada e que subitamente passara a agir como louca. Estava amarrada ao leito, completamente hebetada. Era um quadro triste de se ver. Fizemos a leitura de um trecho de *O evangelho segundo o espiritismo*, oramos e aplicamos o passe, trazendo alívio bastante acentuado à doente, que se apresentou bem mais serena. Recebemos esclarecimento dos benfeitores espirituais de que o caso era de possessão e que a jovem senhora deveria ser tratada espiritualmente, recorrendo-se ainda à terapêutica médica, evitando-se, porém, a sua internação, já que haveria possibilidade de tratá-la em casa.

10 Uma pessoa pode ser levada aos vícios pela atuação de obsessores ou, ainda, de moto-próprio, atraindo entidades infelizes que se utilizarão dela para se locupletarem.

Conseguiu-se, inclusive, que ela se acalmasse pouco após a medicação. Entretanto, a família da paciente era absolutamente contrária ao tratamento espiritual e manifestou-se em franca oposição ao prosseguimento do trabalho de passes, bem como de quaisquer outras orientações do Espiritismo. Afirmaram que apenas aceitaram o passe naquele momento, por se tratar de emergência e por estarem chocados com a situação. Alguém havia sugerido o Espiritismo como solução urgente...

Diante disso, silenciamos.

No dia seguinte a doente foi internada numa casa especializada. Menos de 48 horas após a internação, desencarnou com uma parada cardíaca.

Já se passaram vinte anos e não nos esquecemos dessa irmã, que, conforme nos informaram os Amigos da Espiritualidade, foi amparada, esclarecida e hoje prossegue seu aprendizado, preparando-se para reencarnar. Seu obsessor antecedeu-a na esfera carnal, onde se reencontrarão para o momento do perdão e da paz.

...

André Luiz apresenta-nos elucidação a respeito, sobretudo, das enfermidades psíquicas clássicas: "[...] na retaguarda dos desequilíbrios mentais, sejam da ideação ou da afetividade, da atenção e da memória, tanto quanto por trás de enfermidades psíquicas clássicas, como, por exemplo, as esquizofrenias e as parafrenias, as oligofrenias e a paranoia, as psicoses e neuroses de multifária expressão, permanecem as perturbações da individualidade transviada do caminho que as Leis divinas lhe assinalam à evolução moral."[11]

11 *Mecanismos da mediunidade*, André Luiz, psicografia de Francisco Cândido Xavier e Waldo Vieira, cap. XXIV, 4ª ed., FEB.

São pois enfermidades da alma a se refletirem no corpo físico.

Importa deixar bem claro que não se deve confundir e generalizar, afirmando que **tudo é obsessão, que tudo é provocado por obsessores**, como também não se deve atribuir todas as nossas dificuldades à ação dos Espíritos perturbadores. E Kardec não deixou de nos advertir quanto a isto, a esse exagero tão comum no meio espírita[12]. Nem sempre os problemas são de origem espiritual. Pode ser até mesmo um processo de auto-obsessão, como já vimos.

Também é preciso não confundir esses estados com sintomas de mediunidade. Ocorre frequentemente que muitos espíritas de boa vontade e bem-intencionados, por desconhecimento, diante de pessoas portadoras de epilepsia, em quaisquer de suas modalidades, afirmam tratar-se de mediunidade, sendo necessário desenvolvê-la. Tais enfermos são encaminhados sem mais delongas às reuniões mediúnicas, onde não somente persistem com seus problemas, mas ainda provocam desequilíbrio nos trabalhos, já que não estão aptos a assumir as tarefas da mediunidade que requerem disciplina, estudo e discernimento.

Mediunidade **não é doença** e nem os sinais de sua eclosão podem ser confundidos com enfermidades. Há que se fazer distinção entre uma enfermidade e os sintomas do desabrochar da faculdade mediúnica. "Conveniente, nesse como noutros casos, cuidar-se de examinar as síndromes das **enfermidades psiquiátricas**, a fim de não as confundir com os sintomas da mediunidade, no período inicial da manifestação, quando o médium se encontra atormentado."[13]

12 *O livro dos médiuns*, Allan Kardec, item 253, 42ª ed., FEB.

13 *Grilhões partidos*, Manoel Philomeno de Miranda, psicografia de Divaldo Pereira Franco, 1ª ed., Livraria Espírita "Alvorada" – Editora.

É muito comum encontrarmos casos de caráter misto onde se conjugam obsessão e males físicos. O Espírito enfermo, endividado, plasma no seu envoltório perispirítico os desvios, as deformidades de que é portador. Consequentemente, renascerá em corpo físico que por sua vez refletirá as desarmonias preexistentes no Espírito.

O Codificador, ciente dessa possibilidade, aconselhava, já em sua época, que se deveria aliar, nesses casos, o tratamento magnético ao médico. O que se vê, contudo, é que muitos espíritas, ignorando as ponderações de Kardec, acostumaram-se a diagnosticar apressadamente, confundindo doença com mediunidade. E, como acham que tudo é mediunidade, muitos aconselham logo a suspensão do tratamento médico e da medicação anticonvulsiva, o que poderá acarretar sérios danos ao enfermo. Os remédios que controlam as crises epilépticas não podem ser suspensos repentinamente, sob pena de o paciente ter o seu estado agravado.

Mesmo que o caso seja misto, isto é, físico e espiritual, ainda assim, não se deve encaminhar sumariamente o enfermo ao exercício das tarefas mediúnicas. Ele necessita ser tratado espiritualmente, ser orientado para os recursos que a Doutrina Espírita coloca ao alcance de toda a humanidade. Necessita promover a sua autodesobsessão. E, como mencionamos anteriormente, se está sob o domínio de obsessores, tem o seu pensamento controlado por eles, o que é óbvio, é o principal motivo que obstará o desenvolvimento de sua faculdade mediúnica.

Vejamos um caso de caráter misto.

D... padecia há longos anos de um processo misto de epilepsia e obsessão. Muito franzina, trazia no semblante as marcas do sofrimento. Sendo pessoa de poucos recursos, precisava trabalhar, mas em razão do seu mal não se estabilizava em emprego algum.

Quando vinham as crises epilépticas, D..., totalmente inconsciente, levava quedas dolorosas. Certa vez, rolou do alto da escada, machucando-se bastante. Em outra, estando a passar roupa, caiu e resvalou o rosto no ferro elétrico, queimando-se na face. Em seu corpo apresentava sempre as contusões provenientes dos tombos de que frequentemente era vítima. Assim, era a vida dessa moça verdadeiro martírio.

Passando a frequentar o Centro Espírita Ivon Costa, teve acentuada melhora com os passes, nas reuniões públicas.

Feita a consulta espiritual, foi esclarecido que D... precisava de um tratamento médico aliado à terapêutica espiritual. Um médico neurologista, que integrava a equipe de desobsessão, prontificou-se a examiná-la e prescrever a medicação. Efetuados os exames, D... relutava em aceitar o diagnóstico. Mas, acabou concordando e começou a usar os medicamentos. Pela primeira vez, as crises desapareceram.

Ao mesmo tempo era tratada espiritualmente. Constatou-se que a paciente era atormentada por dezenas de obsessores. Em encarnação anterior havia sido pessoa de muito poder e de grande perversidade. Antes da encarnação atual, tivera outra, em que renascera num corpo disforme. A existência de hoje representava o início de sua recuperação, através do ensejo de conhecer o Espiritismo e também de se mostrar regenerada aos seus perseguidores, propiciando oportunidade de reajustamento e perdão mútuo. Um número expressivo de seus obsessores foi esclarecido, em trabalho que se prolongou durante alguns anos.

Entretanto, após algum tempo de uso dos remédios, D... resolveu por si mesma – e influenciada, é óbvio, pelos obsessores – suspendê-los. As crises voltaram, mas a doente afirmava ser o seu mal apenas espiritual. Estava condicionada a afirmativas desse teor, pois em todos os lugares que frequentara nunca lhe haviam alertado para o fato de ter também um componente físico o seu problema. Aconselhada pelo médico e pelos companheiros, e até pelo mentor, ela voltou a usar a medicação. Mas, logo depois, suspendia-a novamente. D..., finalmente, parou por completo com o tratamento. Preferia dizer-se obsidiada. Durante todos esses anos a paciente colaborou em pequenas tarefas no Centro, onde, aliás, era assídua e perseverante.

Com o passar do tempo, como as crises não desaparecessem e as orientações continuassem a indicar o uso dos remédios, ela começou a mostrar-se insatisfeita. Comentou que talvez fosse necessário outro tipo de trabalho para o seu caso. Soube-se que estava sendo influenciada por uma pessoa que dizia ter solução melhor para ela. E aos poucos deixou de comparecer ao Centro, indiferente a todos os conselhos.

Recebemos notícias dessa irmã, de vez em quando. Prossegue em sua vida de sofrimentos, não tendo encontrado o alívio que almejava.

Obsessões desse tipo são tão complexas e profundas que o espaço de uma encarnação é muito pequeno para resolver tantos conflitos. Só muito lentamente surgirá a transformação dessas almas endividadas, por um processo de cicatrização de dentro para fora. A cura não poderá ser efetivada por ninguém, a não ser pelo próprio sofredor, funcionando encarnados e desencarnados que colaboram ajudando, quais enfermeiros abnegados, que ofertam o algodão da solidariedade e do amor.

À medida que a criatura for-se evangelizando, aprendendo a amar e perdoar, conquistando méritos, os seus algozes serão igualmente motivados para o reajuste.

...

Não podemos deixar de mencionar que muitas pessoas acreditam ser os trabalhos desobsessivos orientados pela

Codificação Kardequiana mais fracos que aqueles efetuados por outros processos. Fica patenteado com essa assertiva o desconhecimento absoluto do que seja realmente desobsessão. Pensam que o trabalho é forte quando os médiuns se deixam jogar ao solo, contorcendo-se e portando-se desatinadamente. Quanto maior a gritaria, a balbúrdia, mais forte consideram a sessão. E, consequentemente creem que os resultados são mais produtivos.

Meditando sobre o assunto, não é difícil verificar-se a fragilidade de tais argumentos. O que se vê em sessões desse tipo são médiuns sem nenhuma educação mediúnica, sem disciplina e, sobretudo, sem estudo, a servirem de instrumento a manifestações de teor primitivo. É inegável que esses trabalhos podem apresentar benefícios na faixa de entendimento em que se situam, inclusive despertando consciências para as verdades da vida além da vida. Mas, afirmar-se que os labores da desobsessão nos moldes kardecistas são mais fracos e ineficientes, carece de qualquer fundamento. Esquecem ou não sabem tais críticos que todo trabalho espírita é essencialmente de renovação interior, visando à cura da alma, não a fórmulas imediatistas que **adiam** a solução final. O Espiritismo, indo além dos efeitos, remonta às causas do problema, às suas origens, para, no seu cerne, laborar profundamente, corrigindo, medicando e combatendo o mal pela raiz.

Infere-se, pois, que o labor desobsessivo à luz da Terceira Revelação tem por escopo a cura das almas, o reajuste dos seres comprometidos e endividados que se deixam enredar nas malhas da obsessão, e não somente afastar os parceiros, adiando o entendimento e perdão.

Para atingir esse objetivo sublime, não há necessidade de espetáculos, de demonstrações barulhentas, há sim necessidade da diretriz abençoada da Codificação Kardequiana.

11

O obsidiado

"As imperfeições morais do obsidiado constituem, frequentemente, um obstáculo à sua libertação."

(*O livro dos médiuns*, Allan Kardec, item 252.)

Obsidiado – Obsesso: Importunado, atormentado, perseguido. Indivíduo que se crê atormentado, perseguido pelo Demônio.[14]

Obsidiados – todos nós o fomos ou ainda somos.

Desde que não conseguimos a nossa liberdade completa; desde que ainda não temos a nossa carta de alforria para a eternidade; desde que caminhamos sob o guante de pesadas

14 *Novo dicionário da língua portuguesa*, Aurélio Buarque de Holanda Ferreira.

aflições que nos falam de um passado culposo e que ressumam sombras ao nosso redor; desde que ainda não temos a plenitude da paz de consciência e do dever cumprido; desde que somos forçados, cerceados, limitados em nosso caminhar e constrangidos a suportar presenças que nos causam torturas, inquietações, lágrimas e preocupações sem conto, é porque, em realidade, ainda somos prisioneiros de nós mesmos, tendo como carcereiros aqueles a quem devemos. Estes, que hoje se comprazem em nos observar – a nossa "nuvem de testemunhas" –, manter e forçar a que permaneçamos no cárcere de sombras que nós mesmos construímos.

Prisão interior. "Cela pessoal" – nos diz Joanna de Ângelis –, onde grande maioria se mantém sem lutar por sua libertação, acomodada aos vícios, cristalizada nos erros. Cela da qual o Espiritismo veio nos tirar, com seus ensinamentos que consolam, mas, sobretudo, que libertam.

Obsidiados! Cada um deles traz consigo um infinito de problemas que não sabe precisar.

Necessitam de nossa compreensão. Pedem-nos ouvidos atentos e caridosos, ansiando desabafar os seus conflitos.

Chegam aos magotes em nossas Casas Espíritas. Vêm em busca de alívio e conforto. Quando apresentam lucidez suficiente, procuram explicações e respostas. Devemos estar preparados para recebê-los. E não apenas isto, mas acolhê-los e tratá-los com a caridade legítima, orientando, encaminhando, clarificando os seus caminhos com as bênçãos que a Terceira Revelação nos proporciona.

É nosso dever esclarecer a esses irmãos que o combate mais renhido que deverão travar não é contra o obsessor – pois a este é mister conquistar através do amor e do perdão –, mas, sim, contra si mesmos. Peleja em que devem empenhar-se, no intuito de se modificarem, no anseio de moralização, até que deem ao verdugo atual a demonstração efetiva de sua transformação.

Nestas condições, ele pode conseguir a conquista do obsessor que hoje o subjuga. Conquista esta progressiva, demorada, mas sublime, pois ao final encontrar-se-ão frente a frente, já agora, intimamente renovados e redimidos. Esse o único caminho para a libertação.

O obsidiado é o algoz de ontem e que agora se apresenta como vítima. Ou então é o comparsa de crimes, que o cúmplice das sombras não quer perder, tudo fazendo por cerceá-lo em sua trajetória.

As provações que o afligem representam oportunidade de reajuste, alertando-o para a necessidade de se moralizar, porquanto, sentindo-se açulado pelo verdugo espiritual, mais depressa se conscientizará da grandiosa tarefa a ser realizada: transformar o ódio em amor, a vingança em perdão, e humilhar-se, para também ser perdoado.

Voltando-se para o bem, conquistando valores morais, terá possibilidades de ir-se equilibrando, passando a emitir novas vibrações – e atraindo outras de igual teor – que lhe trarão saúde e paz.

A sua transformação moral, a vivência no bem, o cultivo dos reais valores da vida verdadeira irão aos poucos anulando os condicionamentos para a dor, enquanto favorecerão a sua própria harmonização interior, que é, sem dúvida, fator de melhor saúde física.

Patenteia-se aí a perfeição da Justiça divina que possibilita ao infrator redimir-se pelo bem que venha a realizar, adquirindo créditos que facilitarão a sua caminhada, abrindo-lhe novos horizontes.

Por isto que é a Doutrina Espírita a terapêutica completa para obsidiados e obsessores, como de resto para todos os seres humanos. Desvendando o passado, demonstra o porquê de dores e aflições e abre perspectivas luminosas para o futuro.

Nesta visão panorâmica de passado-futuro desponta o Amor de Deus a sustentar todas as criaturas no carreiro da evolução. A Justiça do Pai é equânime e ninguém fica impune ou marginalizado diante de suas Leis, mas, ela é, sobretudo, feita de Amor e Misericórdia, possibilitando ao faltoso renovadas ensanchas de redenção e, desde que ele desperte para essa realidade, encontrá-las-á em seu caminho, e, se souber aproveitá-las, aliviará seus débitos, trazendo-lhe simultaneamente melhores condições espirituais. Sabendo que pode amenizar a dor, não só pela compreensão de suas causas, mas também por intermédio de todo o bem que possa fazer, mais fácil se torna para o ser humano a caminhada. Embora profundamente vinculado ao pretérito e experimentando provações amargas, terá na consoladora mensagem do Espiritismo esperanças novas e novo alento para prosseguir.

12

A criança obsidiada

"Aliás, não é racional considerar-se a infância como um estado normal de inocência. Não se veem crianças dotadas dos piores instintos, numa idade em que ainda nenhuma influência pode ter tido a educação? [...] Donde a precoce perversidade, senão da inferioridade do Espírito, uma vez que a educação em nada contribuiu para isso?"

(*O livro dos espíritos*, Allan Kardec, questão 199-a.)

Crianças obsidiadas suscitam em nós os mais profundos sentimentos de solidariedade e comiseração.

Tal como acontece ante as demais enfermidades que atormentam as crianças, também sentimos ímpetos de protegê-las e aliviá-las, desejando mesmo que nada as fizesse sofrer.

Pequeninos seres que se nos apresentam torturados, inquietos, padecentes de enfermidades impossíveis de serem diagnosticadas, cujo choro aflito ou nervoso nos condói e impele à prece imediata em seu benefício, são muita vez obsidiados de berço. Outros se apresentam sumamente irrequietos, irritados desde que abrem os olhos para o mundo carnal. Ao crescer, apresentar-se-ão como crianças-problemas, que a Psicologia em vão procura entender e explicar.

São crianças que já nascem aprisionadas – aves implumes em gaiolas sombrias –, trazendo nos olhos as visões dos panoramas apavorantes que tanto as inquietam. São reminiscências de vidas anteriores ou recordações de tormentos que sofreram ou fizeram sofrer no plano extrafísico, antes de serem encaminhadas para um novo corpo. Conquanto a nova existência terrestre se apresente difícil e dolorosa, ela é, sem qualquer dúvida, bem mais suportável que os sofrimentos que padeciam antes de reencarnar.

O novo corpo atenua bastante as torturas que sofriam, torturas estas que tinham as suas nascentes em sua própria consciência que o remorso calcinava. Ou no ódio e revolta em que se consumiam.

E as bênçãos de oportunidades com que a reencarnação lhes favorece poderão ser a tão almejada redenção para essas almas conturbadas.

A Misericórdia divina oferecerá a tais seres instantes de refazimento, que lhes chegarão por vias indiretas e, sobretudo, reiterados chamamentos para que se redimam do passado, através da resignação, da paciência e da humildade.

Na obra *Dramas da obsessão*, Bezerra de Menezes narra a vida de Leonel, que desde a infância apresentou crises violentas, evidenciando a quase possessão por desafetos do pretérito. Este mesmo Leonel, já adulto e casado, acompanhou a espinhosa existência de sua filha Alcina, que como ele era obsidiada desde o berço.

Crianças que padecem obsessões devem ser tratadas em nossas instituições espíritas através do passe e da água fluidificada, e é imprescindível que lhes dispensemos muita atenção e amor, a fim de que se sintam confiantes e seguras em nosso meio. Tentemos cativá-las com muito carinho, porque somente o amor conseguirá refrigerar essas almas cansadas de sofrimentos, ansiando por serem amadas.

Fundamental, nesses casos, a orientação espírita aos pais, para que entendam melhor a dificuldade que experimentam, tendo assim mais condições de ajudar o filho e a si próprios, visto que são, provavelmente, os cúmplices ou desafetos do pretérito, agora reunidos em provações redentoras. Devem ser instruídos no sentido de que façam o Culto do Evangelho no Lar, favorecendo o ambiente em que vivem com os eflúvios do Alto, que nunca falta àquele que recorre à Misericórdia do Pai.

A criança deve ser levada às aulas de Evangelização Espírita, onde os ensinamentos ministrados dar-lhe-ão os esclarecimentos e o conforto de que tanto carece.

...

O número de crianças obsidiadas tem aumentado consideravelmente. Há bem pouco tempo chegaram às nossas mãos, quase simultaneamente, cinco pedidos de orientação a crianças que se apresentavam todas com a mesma problemática de ordem obsessiva.

Um desses casos era gravíssimo.

Certa criança de três anos e alguns meses vinha tentando o suicídio das mais diferentes maneiras, o que lhe resultara, inclusive, ferimentos: um dia, jogou-se na piscina; em outro, atirou-se do alto do telhado, na varanda de sua casa; depois, quis atirar-se do carro em movimento, o que levou os familiares a vigiá-la dia e noite. Seu comportamento, de súbito, tornou-se estranho, maltratando especialmente a mãe, a quem dirigia palavras de baixo calão que os pais nunca imaginaram ser do seu conhecimento.

Foram feitas reuniões de desobsessão em seu benefício, quando se verificaram as origens do seu estado atual. Atormentada por muitos obsessores, seu comprometimento espiritual é muito sério.

As outras crianças mencionadas tinham sintomas semelhantes: acordavam no meio da noite, inconscientes, gritando, falando e rindo alto, não atendiam e nem respondiam aos familiares, nem mesmo dando acordo da presença destes.

Todas são menores de cinco anos.

Com a terapêutica espírita completa, essas crianças melhoraram sensivelmente, sendo que três retornaram ao estado normal.

13

Quem é o obsessor?

"Obsessores visíveis e invisíveis são nossas próprias obras, espinheiros plantados por nossas mãos."

(*Seara dos médiuns*, Emmanuel, psicografia de Francisco Cândido Xavier, "Obsessores".)

Obsessor – Do latim *obsessore*. Aquele que causa a obsessão; que importuna.[15]

O obsessor é uma pessoa como nós.

Não é um monstro teratológico saído das trevas, onde tem a sua morada para todo o sempre.

Não é um ser diferente, que só vive de crueldades, nem um condenado sem remissão pela Justiça divina.

15 *Novo dicionário da língua portuguesa*, Aurélio Buarque de Holanda Ferreira.

Não é um ser estranho a nós. Pelo contrário. É alguém que privou de nossa convivência, de nossa intimidade, por vezes com estreitos laços afetivos. É alguém, talvez, a quem amamos outrora. Ou um ser desesperado pelas crueldades que recebeu de nós, nesse passado obumbroso, que a bênção da reencarnação cobriu com os véus do esquecimento quase completo, em nosso próprio benefício.

O obsessor é o irmão, a quem os sofrimentos e desenganos desequilibraram, certamente com a nossa participação.

Muitos, por desconhecimento, transferiram para o obsessor os atributos do próprio demônio, se este existisse.

Entretanto, quantos de nós já não cometemos essas mesmas atrocidades que ele comete agora? Quantos de nós já não alimentamos ódios semelhantes? Quem está livre de trazer nos escaninhos da consciência a mesma inimaginável tortura de um amor desvairado, doentio, que se fez ódio e se converteu em taça de fel? Quem pode dizer qual seria a nossa reação se vivêssemos as tormentas que lhe corroem as profundezas da alma?

O ódio só no amor tem cura. É o antídoto que anula os efeitos maléficos, que neutraliza, e, sobretudo, transforma para o bem. Geralmente, é o ódio que impulsiona o ser humano à vingança. É sempre um desforço que se pretende tomar, como quem está pedindo contas a outrem de atos julgados danosos aos seus interesses.

A figura do obsessor realmente impressiona, pelos prejuízos que a sua aproximação e sintonia podem ocasionar. E disto ele tira partido para mais facilmente assustar e coagir a sua vítima. E esta, apresentando, em razão do seu passado, os condicionamentos que facilitam a sintonia, traz, no mais recôndito do seu ser, o medo desse confronto inevitável e a certeza da própria culpa, tornando-se presa passiva do seu algoz de agora.

Não é fácil ao obsidiado amar o seu obsessor. Não é fácil perdoá-lo. Mas, é o que se torna necessário aprender.

O Espiritismo, mostrando-nos toda a trajetória por nós percorrida e as vinculações e compromissos que adquirimos no decorrer de sucessivas reencarnações; descortinando para nossas almas o que fomos, somos e poderemos ser mediante o uso do livre-arbítrio; desvendando as intrincadas questões do ser através da fé racional, lúcida e ativa, torna possível o que a ignorância fazia parecer impossível: perdoar e até aprender a amar ao obsessor.

A Doutrina Espírita nos veio ensinar a Verdade e esta nos faz enxergar por dentro de nós mesmos. Ela nos desnuda perante a nossa própria consciência, pois o verdadeiro espírita não teme o autoexame, a autoanálise, que lhe possibilitará conhecimento mais profundo de deficiências, das sombras que existem dentro de cada um.

Diante dessa conscientização é que nos lançamos à reforma íntima. Primeiro, o mergulho dentro do nosso eu, o reencontro doloroso mas essencial, quando contemplamos os escombros, as ruínas em que transformamos o que tínhamos de melhor. Depois dessa constatação, a Doutrina estimula a reconstrução e, além disso, muito mais: possibilita-nos e facilita a reedificação do universo interior.

Essa é uma façanha notável, que unicamente o Consolador Prometido consegue proporcionar ao ser humano.

Fato interessante acontece com o obsessor. Quando surge em nosso caminho, ele nos enxerga tal qual fomos ou somos. Ele nos conhece de longa data e não se iludirá se hoje nos apresentamos com outra capa, outra face. Ele nos vê tal como nos viu, quando nos defrontamos no pretérito. Para ele, o tempo parou no instante em que foi ferido mortalmente, no momento em que teve os seus sonhos destruídos e quando se sentiu traído ou injustiçado. O tempo parou ali e, consequentemente, aquele que está sendo perseguido é também a mesma criatura, para a qual não haveria nenhum modo de mascarar-se, caso tentasse.

Mas, em se aproximando, com o tempo, ainda que nos observando através das lentes do rancor, ele acabará por notar as mudanças que ocorreram em nosso modo de ser, de pensar e de agir – se estas existirem realmente. E só através dessa constatação é que se conseguirá alguma coisa no sentido de conquistá-lo e motivá-lo igualmente a uma transformação.

Aquele que possui o conhecimento espírita terá enormes possibilidades de aprender a exercitar o perdão e o amor pelos seus inimigos. Tanto melhor quanto mais se lembrar de que o perseguidor assim se apresenta por ter sido levado, por quem hoje é a vítima, aos sofrimentos que deram origem ao ódio e à vingança.

O obsessor é, em última análise, um irmão enfermo e infeliz. Dominado pela ideia fixa (monoideísmo) de vingar-se, esquece-se de tudo o mais e passa a viver em função daquele que é o alvo de seus planos. E, na execução desses, o seu sofrimento ir-se-á agravando proporcionalmente às torturas que venha a infligir ao outro, o que acarretará para os seus dias futuros pesado ônus do qual não conseguirá escapar senão pela reforma íntima.

Nenhuma etapa de sua desforra lhe dará a almejada felicidade e alegria, nem trará a paz por que tanto anseia, pois o mal é geratriz de desequilíbrios, frustrações e insuportável solidão.

Existem obsessores de grande cultura e que, por isto mesmo, exercem amplo domínio sobre Espíritos ignorantes e igualmente perversos ou endurecidos, que a eles se vinculam. São os **comparsas** de que carecem para a execução de seus planos, estando sintonizados na mesma faixa de interesses.

Os obsessores, entretanto, não são totalmente maus, é preciso que se diga. Como ninguém é absolutamente mau. São, antes, doentes da alma. Possuem sementes de bondade, recursos positivos que estão abafados, adormecidos.

Obsessores e obsidiados são assim pessoas como nós. São seres que sofrem porque se desmandaram entre si. São carentes de afeto, compreensão e amor. Seres infelizes, para os quais o Espiritismo veio trazer o consolo e a esperança de uma vida nova de amor e paz.

Para eles, para toda a humanidade ecoa a amorosa assertiva do Mestre: "Eu não vim para o justo, mas para o pecador..."

...

Nem todo obsessor tem consciência do mal que está praticando. Existem aqueles que agem por amor, por zelo, pensando ajudar ou querendo apenas ficar junto do ser querido.

O caso da Sra. O... demonstra isto.

A Sra. O... viu-se de um instante para outro acometida de uma tristeza inexplicável, seguindo-se-lhe um desânimo também difícil de ser entendido, por mais pesquisasse as causas. Sentia-se sem forças, tendo que permanecer quase o dia todo no leito, em repouso. Chorava muito e não conseguia atinar com a razão de tanto abatimento. Foi examinada por vários médicos, que não acharam nenhum mal que justificasse o seu estado.

Resolveu, em consequência disso, procurar a "Casa Espírita" para orientação e passes. Verificou-se estar sob influência espiritual muito forte – a entidade que a acompanhava era a sua própria irmã, desencarnada há algum tempo, de maneira repentina e que havia sido pessoa muito boa, havendo inclusive entre elas uma afeição muito grande.

Foi feito o esclarecimento da irmã desencarnada, na reunião apropriada, e o resultado foi imediato. A Sra. O... curou-se, passando a levar uma vida normal.

Casos como este existem em grande número e evidenciam o total despreparo das criaturas para a morte.

UM OBSESSOR "SIMPÁTICO"

Alguns obsessores apresentam interessante faceta para os estudiosos do assunto.

Foi o caso de certa entidade que se comunicou na reunião do Centro Espírita Ivon Costa. Muito educado, distinto, tratava ao esclarecedor com toda calma e gentileza. Dizia-se, na verdade, perseguindo a uma pessoa a quem odiava, mas não tinha raiva de mais ninguém e inclusive compreendia o nosso papel ao tentarmos beneficiar a sua vítima. Acreditava em Deus, em Jesus, no amor, mas não tinha vontade de abandonar o seu intento.

Mesmo com todos esses dados positivos de caráter, o seu esclarecimento foi demorado, rendendo-se por fim à evidência do amor, diante da aproximação de um Espírito a quem muito amava e que foi por ele visto durante os trabalhos.

14

Modo de ação do obsessor

"Sutilmente, a princípio, em delicado processo de hipnose, a ideia obsidente penetra a mente do futuro *hóspede* que, desguardado das reservas morais necessárias [...] começa a dar guarida ao pensamento infeliz, incorporando-o às próprias concepções e traumas que vêm do passado, através de cujo comportamento cede lugar à manifestação ingrata e dominadora da alienação obsessiva." – *Manoel Philomeno de Miranda.*

(*Sementes de vida eterna*, Autores diversos, psicografia de Divaldo Pereira Franco, cap. 30.)

Consciente ou inconscientemente, usando ou não de artifício e sutilezas, o obsessor age sempre aproveitando-se das brechas morais que encontra em sua vítima. Os condicionamentos do pretérito são como ímãs a atraí-lo, favorecendo a conexão imprescindível ao processo obsessivo, que tanto pode começar no berço, como na infância ou em qualquer fase da existência daquele que é alvo de seu interesse.

Obsessões existem que, apenas, dão prosseguimento, na Terra, à obsessão preexistente no plano espiritual.

Há casos, em grande número, em que a ação do verdugo espiritual tem início em determinada época, apresentando-se de maneira declarada, ostensiva ou de modo sutil, quase imperceptível, que vai num crescendo até o ponto em que se caracteriza perfeitamente o problema.

Agindo na "surdina", o obsessor se utiliza de todos os recursos ao seu alcance. Sabe que o domínio que exerce sobre a sua vítima tem as suas raízes nos dramas do passado, em que ambos se enredaram, gerando compromissos de parte a parte. Sente, mesmo que não tenha cultura, instintivamente, que poderá interferir com o seu pensamento na mente daquele a quem persegue e também que a constância, a repetição exercerão uma espécie de hipnose que o medo e o remorso favorecem, conseguindo assim uma sintonia cada vez maior, até a subjugação ou possessão, dependendo da gravidade do caso e das dívidas que envolvem os personagens.

Nem sempre, porém, a ação do obsessor é fria e calculista. Nem sempre ele age com premeditação e com requintes de crueldade. Há obsessões, sim, que apresentam essas características, mas nem todas. Existem aquelas outras em que o algoz atua como que enlouquecido pela dor, pela angústia e sofrimentos. Não tem condições de raciocinar com clareza e sofre até mais que o obsidiado. Sua ação é desordenada, irrefletida e ele sabe apenas que deve ou tem de pedir contas ou se vingar daquele que o tornou infeliz. Não tem noção de tempo, de lugar, às vezes, esqueceu-se do próprio nome, ensandecido pelas torturas que o vitimaram.

Muitos não têm consciência do mal que estão praticando. Podem estar sendo usados por obsessores mais inteligentes e mais cruéis, que os atormentam, enquanto os obrigam a, por sua vez, atormentarem os que são objeto de vingança ou ódio. Obsessores que também são obsidiados, conforme comentamos no capítulo cinco.

Via de regra, os obsessores chefiam outros obsessores, que tanto podem ser seus cúmplices por vontade própria ou uma espécie de escravos, dominados por processos análogos aos usados com os obsidiados encarnados.

Esses Espíritos são empregados para garantir o cerco, intensificar a perturbação não só da vítima como dos componentes do seu círculo familiar. Permanecem ao lado destes, acompanham-lhes os passos, vigiam-lhes os movimentos e têm a incumbência de ocasionar-lhes problemas, mal-estar, confusões, o que conseguirão desde que a criatura visada não se defenda com a luz da prece e o reforço de uma vida edificante, voltada para a prática da caridade e para o desejo constante do bem.

Nos casos mais graves, utilizam-se dos ovoides para vampirização, o que resulta numa questão bastante dolorosa e complexa de ser solucionada.

Os obsessores valem-se dos instantes do sono físico de suas vítimas para intensificarem a perseguição. Nestas ocasiões, mostram-se como realmente são, no intuito de apavorar e exercer com isso maior domínio. Quando já há uma sintonização bem estreita, facilitada sobretudo pela culpa, o remorso e o medo, o obsessor age como dono da situação, levando o perseguido a sítios aterrorizantes, visando desequilibrá-lo emocionalmente, deixando plasmadas na sua mente as visões que tanto amedrontam. Envolvem a vítima com seus fluidos morbíficos e, em certos casos, chegam à posse quase completa desta, através de complicadas intervenções no seu perispírito. Manoel Philomeno de Miranda narra que, em um paciente atormentado por obsessores cruéis, foi implantada "pequena **célula fotoelétrica gravada**, de material especial, nos centros da memória"[16]. Operando no perispírito, realizou o implante, induzindo a vítima a ouvir continuamente a voz dos algozes ordenando-lhe que se suicidasse.

Tais processos denotam imensa crueldade, mas não devem ser motivo de surpresa para nós, pois sabemos que na esfera física quanto na espiritual os homens são os mesmos. Não há também entre nós processos de tortura inconcebíveis? O que vem fazendo o homem em todos os tempos, em todas as guerras e até em tempo de paz, senão tentar aperfeiçoar os métodos de suplício, de modo a torná-los mais requintados, com o fito de provocar dores cada vez mais acerbas em seus semelhantes?

•••

Temos acompanhado os mais diversos casos de obsessão. E sentimos de perto os dramas que se desenrolam nas sombras, nos círculos íntimos de tantas criaturas que padecem esse afligente problema, porque semanalmente os ouvimos, sentimos, recebemos, durante a reunião de desobsessão, quando nos inteiramos de casos que nos comovem e surpreendem pela complexidade e o inusitado das situações.

Grande número de entidades se manifestam dizendo estar em determinado local, ao lado de certa pessoa e que aí são constrangidas a permanecer, tendo inclusive medo de sair, de desobedecer, de serem retiradas, porque o "chefe castiga", "não deixa" etc.

Outras se comunicam confessando abertamente que foram encarregadas de assustar determinada criatura ou família,

16 *Nos bastidores da obsessão*, Manoel Philomeno de Miranda, psicografia de Divaldo Pereia Franco, cap. 8, 2ª ed., FEB.

e para isto provocam brigas, intrigas, confusões, insuflando ideias desse teor naqueles que se mostram receptivos, envolvendo-os com seus fluidos perturbadores, rindo-se dos resultados, zombando do medo e das preocupações que acarretam. Zombam declaradamente das pessoas, revelando o modo de ação que empregam com a finalidade de se vangloriarem da própria esperteza e infundirem o temor entre os participantes da reunião, visto que também os ameaçam de usar em seus lares os mesmos métodos.

Certa vez, na reunião em que colaboramos, sentimos a presença de um grupo de Espíritos desencarnados entre 15 e 18 anos. Tinham a aparência desses que vemos nas ruas, denominados "pivetes" ou "trombadinhas". Dentre eles comunicou-se uma mocinha desencarnada aos 17 anos, maltrapilha e extremamente zombeteira. Contou-nos que andavam ao léu, pelas ruas, tal como faziam antes, dedicando-se especialmente a entrarem nos lares cujas portas estivessem **abertas** (e aqui no duplo sentido: físico e espiritual), com a finalidade de provocar desordens e brigas entre os moradores. Isto descrito num linguajar peculiar, com a gíria comumente empregada. Também contou que tinham prazer em usufruir do conforto dessas casas, refestelando-se nas poltronas macias e desfrutando de comodidades que não tiveram em vida. Obviamente isto só era possível nos lares em que, embora havendo conforto material, o ambiente espiritual não diferençava muito do que era próprio a esses "pivetes" desencarnados.

Foi preciso muito amor e carinho de toda a equipe para conscientizá-los de que existia para todos uma vida bem melhor, se quisessem despertar para ela. Que havia ao lado deles pessoas que os amavam e que desejavam aproximar-se para auxiliá-los. E que acima de tudo estava Jesus, o Amigo maior, que não desampara nenhuma de suas ovelhas.

Como a carência de amor dessas almas fosse bem maior que toda a revolta que os abrasava, aos poucos emocionaram-se com os cuidados e carinho de que foram alvo e, ao final, sob a liderança da jovem que se comunicou – uma espécie de porta-voz do grupo – e que foi também a primeira a se sentir amorosamente confortada, o grupo foi levado, após a prece comovente feita pelo doutrinador.

Durante a comunicação foi-nos possível divisar alguns quadros da vida dessa quase menina, que nasceu, cresceu e viveu em locais que os homens habitualmente denominam "na sarjeta". Sua desencarnação foi trágica, vitimada pelos maus-tratos de um homem.

Esse pequeno grupo de Espíritos não tinha consciência completa do mal que causavam, embora desejassem fazê-lo, vingando-se da sociedade que sempre os desprezara. Viviam de modo quase semelhante ao que levavam quando na vida material, apenas sentindo-se mais livres e com mais facilidade de ação. Não tinham ciência de que poderia haver para eles um outro tipo de existência, revelando-se-lhes, na reunião, aquele outro caminho: o das bênçãos do Alto em forma de trabalho digno e edificante.

O obsessor poderá valer-se, se for do seu interesse, de grupos semelhantes, visando a acelerar a consecução dos seus planos.

Na quase totalidade dos casos que observamos, o obsessor não age sozinho. Sempre arregimenta companheiros, comparsas que o ajudam e outros que são forçados a colaborar, cientes ou não do plano urdido pelo chefe.

Várias obras da literatura mediúnica espírita narram obsessões complexas, mostrando detalhadamente os meios e técnicas empregados pelos verdugos. Em *Ação e reação* e *Libertação*, encontramos, respectivamente, o caso Antônio Olímpio e seu filho Luís, e o de Margarida. Em ambos, atuavam grandes falanges de obsessores. Igualmente no caso da família Soares, da obra *Nos bastidores da obsessão*.

Para que se atenda ao obsidiado, imprescindível socorrer simultaneamente toda a falange de algozes que o cerca. Aos poucos essas entidades menos felizes são atraídas para a reunião de desobsessão, num trabalho de grande alcance e profundidade. Geralmente, quando o chefe se comunica, quase todos os seus prepostos já foram atendidos e encaminhados, o que o torna enfurecido ou desesperado, tentando arregimentar novas forças e ameaçando os membros da reunião, que ele culpa e para os quais transfere parte do seu ódio.

Daí, porque é fundamental que a reunião seja toda ela estruturada na fé inabalável, no mais acendrado amor ao próximo, na firmeza e na segurança que une todos os seus integrantes e, especialmente, sob a amorosa orientação de Jesus e dos mentores espirituais – que são em verdade o sustentáculo de todo o abençoado ministério socorrista.

Frente a um obsessor cruel e vingativo, que ameaça não só os da equipe encarnada, mas que diz estender o seu ódio aos familiares dos que ali estão presentes, desafiando-os com todos os tipos de agressões verbais (evidentemente sofrendo a necessária censura do médium, que as transmite e que só deixa passar aquilo que o bom senso permita), mas que ainda assim são de molde a atemorizar os menos afeitos a esses serviços[17], unicamente resistem aqueles que estão preparados para tal

17 É bom que se esclareça que, apesar de a maior parte do trabalho ser efetivada pela equipe espiritual, o obsessor vai voltar-se contra os encarnados por serem mais vulneráveis, já que não pode fazer o mesmo com os guias e trabalhadores espirituais.

mister. Os que tenham fé e experiência; que amem esse trabalho e, por conseguinte, tenham amor para doar a esses irmãos infortunados que a dor marcou profundamente; e tenham a mais absoluta convicção no amparo de Jesus através da direção espiritual que orienta todas as ocorrências. E – por que não dizer? – estejam preparados para sofrer e chorar pela dor que asselvaja esses corações e os transforma em seres quase irracionais.

Tão amargurado ódio, tão angustiantes conflitos nos ferem também o coração, que se repleta de amor por eles, verdugos e vítimas, já que também, um dia, perdido nas brumas do passado, padecemos as mesmas inenarráveis torturas, que hoje a Doutrina Espírita veio consolar, explicar e ensinar-nos a curar.

15

Parasitose espiritual

"[...] vampiro é toda entidade ociosa que se vale, indebitamente, das possibilidades alheias."

(*Missionários da luz*, André Luiz, psicografia de Francisco Cândido Xavier, cap. 4.)

Existe vampirização em larga escala, desde os tempos imemoriais. Sempre existiram criaturas que vivem a expensas de outrem, absorvendo-lhes as energias das mais diferentes maneiras, tanto no plano físico quanto no espiritual.

Assim, os que se encontram muito apegados às sensações materiais prosseguem, após o túmulo, a buscar sofregamente os gozos em que se compraziam. Para usufruí-los, vinculam-se aos encarnados que vibram em faixa idêntica, instalando-se então o comércio das emoções doentias. Por outro lado, os obsessores, por vingança e ódio, ligam-se às suas vítimas com o intuito de absorver-lhes a vitalidade, enfraquecendo-as e exaurindo-as, para conseguirem maior domínio. Idêntico procedimento têm os desencarnados que se imantam aos seres que ficaram na Terra e que são os parceiros de paixões desequilibrantes. Ressalte-se que existem aqueles que, já libertos do corpo físico, ligam-se, inconscientemente, aos seres amados que permanecem na crosta terrestre, mas sem o desejo de fazer o mal. E, mesmo entre os encarnados, pessoas existem que vivem permanentemente sugando as forças de outros seres humanos, que se deixam passivamente dominar. Essa dominação não fica apenas adstrita à esfera física, mas, tal como mencionamos no capítulo 5, que se refere à obsessão entre encarnados, intensifica-se durante as horas de sono. Quanto mais profunda for essa sintonia maior será a vampirização.[18]

Em qualquer dos casos configura-se perfeitamente a parasitose espiritual.

No livro *Evolução em dois mundos*, André Luiz compara os parasitas existentes nos reinos inferiores da natureza aos "parasitas espirituais", visto que os meios utilizados pelos desencarnados, que se vinculam aos que permanecem na esfera física, obedecem aos mesmos princípios de simbiose prejudicial.

Reportando-se aos **ectoparasitas** (os que limitam a própria ação às zonas de superfície) e aos **endoparasitas** (os que se alojam nas reentrâncias do corpo a que se impõem), traça o autor um paralelo entre estes e a ação dos obsessores.

Realmente encontramos muitos desencarnados que agem como **ectoparasitas**, ou seja, "absorvendo as emanações vitais dos encarnados que com eles se harmonizam, aqui e ali", como são os que se aproximam eventualmente dos fumantes, dos

18 Também aqueles que se aproveitam do trabalho alheio – em regime de quase escravidão – pagando a essas criaturas salários de fome, que as colocam em condições subumanas, exercem, de certa forma, a parasitose.

alcoólatras e de todos aqueles que se entregam aos vícios e desregramentos de qualquer espécie.

E como **endoparasitas** conscientes os que, "após se inteirarem dos pontos vulneráveis de suas vítimas", assenhoreiam-se de seu campo mental "impondo-lhes ao centro coronário a substância dos próprios pensamentos, que a vítima passa a acolher qual se fossem os seus próprios. Assim, em perfeita simbiose, refletem-se mutuamente, estacionários ambos no tempo, até que as leis da vida lhes reclamem, pela dificuldade ou pela dor, a alteração imprescindível"[19]. Agem dessa forma os obsessores que pretendem subjugar a sua vítima, num processo lento, contínuo e progressivo.

Observe-se, todavia, com relação aos seres humanos, que aquele que age como ectoparasita pode passar a atuar como endoparasita, caso queira e encontre campo para tanto.

O parasitismo espiritual (ou vampirismo) é um processo grave de obsessão que pode ocasionar sérios danos àquele que se faz hospedeiro (o obsidiado), levando-o à loucura ou até mesmo à morte.

O quadro das aflições e degradações humanas é bastante deplorável, daí por que a missão do Espiritismo avulta a cada instante, pois que ele traz a única terapêutica possível para esses dramas pungentes.

19 *Evolução em dois mundos*, André Luiz, psicografia de Francisco Cândido Xavier e Waldo Vieira, caps. XIV e XV, 5ª ed., FEB.

16

Os ovoides

"[...] o perispírito se dilata ou contrai, se transforma: presta-se, numa palavra, a todas as metamorfoses, de acordo com a vontade que sobre ele atua."

(*O livro dos médiuns*, Allan Kardec, item 56.)

A transubstanciação do corpo espiritual num corpo ovoide pode ocorrer nos seguintes casos:

1º) O homem selvagem quando retorna, após a morte do corpo denso, ao plano espiritual, sente-se atemorizado diante do desconhecido. Sendo primitivo, não dispõe de conhecimentos espirituais, e só tem condições de pensar em termos de vida tribal a que se acostumou. Diz-nos André Luiz que a própria vastidão cósmica o assusta, bem como a visão de Espíritos, mesmo os bons e sábios, infunde-lhe grande temor. Dentro do estágio evolutivo que lhe é próprio, crê-se à frente de deuses e, por isso, refugia-se na choça que lhe serviu de moradia terrestre. Anseia por retornar à taba onde vivera e ao convívio dos seus e alimenta-se das vibrações dos que lhe são afins. Nestas condições estabelece-se nele o monoideísmo, isto é, ideia fixa, abstraindo--se de tudo o mais. O pensamento que lhe flui da mente permanece em circuito viciado, continuamente. É o monoideísmo auto-hipnotizante.

Não havendo outros estímulos, os órgãos do corpo espiritual se retraem ou se atrofiam, tal como ocorre aos órgãos do corpo físico que, paralisados, se atrofiam.

Aos poucos, esses órgãos do perispírito "se voltam, instintivamente, para a sede do governo mental, onde se localizam, ocultos e definhados, no fulcro dos pensamentos em circuito fechado sobre si mesmos, quais implementos potenciais do germe vivo entre as paredes do ovo". Diz-se então que o "desencarnado perdeu o seu corpo espiritual, transubstanciando-se num corpo ovoide".[20]

A forma ovoide guarda consigo todos os órgãos de exteriorização da alma, tanto nos planos espirituais quanto nos terrestres, tal qual o ovo ou a semente, que trazem em si a ave ou a árvore do futuro.

2º) Desencarnados, em profundo desequilíbrio, aspirando a vingar-se ou portadores de vicioso apego, envolvem e influenciam aqueles que lhes são objeto de perseguição ou atenção e auto-hipnotizam-se com as próprias ideias, que se repetem indefinidamente. É o monoideísmo auto-hipnotizante.

Em consequência, os órgãos perispiríticos se retraem, por falta de função, assemelhando-se então a ovoides "vinculados às

20 *Evolução em dois mundos,* André Luiz, psicografia de Francisco Cândido Xavier e Waldo Vieira, cap. 12, 5ª ed., FEB.

próprias vítimas que, de modo geral, lhes aceitam, mecanicamente, a influenciação", por trazerem os fatores predisponentes, quais sejam, a culpa, o remorso, o ódio, o egoísmo, que externam em vibrações incessantes, sob o comando da mente. Configura-se, neste caso, a parasitose espiritual.

O hóspede (o obsessor) passa a viver no clima pessoal do hospedeiro (o obsidiado). Esta situação pode prolongar-se até mesmo após a morte física da vítima, dependendo da gravidade das dívidas e natureza dos compromissos existentes entre ambos.

3º) Os grandes criminosos, os pervertidos, os trânsfugas do dever, ao desencarnar, ver-se-ão atormentados pela visão repetida e constante dos próprios crimes, vícios e delitos, em alucinações que os tornam dementados. Os clichês mentais que exteriorizam, infindáveis vezes torna-lhes o fluxo do pensamento vicioso, resultando no monoideísmo auto-hipnotizante. E tal como nos casos anteriores, perdem os órgãos do corpo espiritual, transubstanciando-se em ovoides.

Os obsessores utilizam-se desses ovoides para intensificar o cerco sobre suas vítimas, imantando-os a estas. Instala-se daí em diante o parasitismo espiritual. Envolvido nos fluidos dos obsessores, com o pensamento controlado e cerceado, com o cérebro em desequilíbrio pela interferência hipnótica dos algozes, o obsidiado passa a viver no clima que estes criaram, agravado pelas ondas mentais altamente perturbadoras dos ovoides, vendo inclusive os clichês mentais que projetam em fenômenos alucinatórios ou ouvindo-lhes as acusações na acústica da mente.

A subjugação, quando levada a efeito nessas condições, acarreta consequências gravíssimas, lesando o cérebro ou outros órgãos que estejam sendo visados. Essa situação produz um desequilíbrio total e pode levar a vítima ao suicídio, à loucura irreversível ou ocasionar a morte por deperecimento ou distúrbio orgânico.

Quanto aos ovoides, através da bênção da reencarnação é que conseguirão plasmar outra vez o perispírito juntamente com a nova forma carnal. Irão assimilando os recursos orgânicos maternos e, como explica André Luiz, "conforme as leis da reencarnação, operam em alguns dias todas as ocorrências de sua evolução nos reinos inferiores da natureza".

A nova forma perispirítica assim desenvolvida terá condições de persistir ao término da reencarnação, de volta ao plano espiritual.

Segunda Parte

A Terapêutica Espírita

1

Tratamento das obsessões

"O tratamento de obsessões [...] não é trabalho excêntrico, em nossos círculos de fé renovadora. Constitui simplesmente a continuidade do esforço de salvação aos transviados de todos os matizes, começado nas luminosas mãos de Jesus."

(*Pão nosso*, Emmanuel, psicografia de Francisco Cândido Xavier, cap. 175.)

Antes dele os obsessos eram marginalizados e objeto de curiosidade e temor. Isolados pelos próprios familiares, padeciam as constrições impostas pela presença do perseguidor invisível que, em muitos casos, os submetiam à sua vontade.

Ele, porém, trouxe a lição do amor como remédio e como alimento para os doentes e depauperados da alma, estendendo o seu cuidado amoroso aos que eram tidos como loucos incuráveis e, como tais, banidos da comunidade.

Atraídos pelo sublime magnetismo do Mestre, vinham à sua presença, sentindo instintivamente que nele encontrariam o alívio e a libertação, ou eram conduzidos por familiares piedosos que igualmente pressentiam nele a possibilidade da cura.

Amélia Rodrigues narra a passagem em que Jesus explica aos discípulos o motivo pelo qual não haviam conseguido "expulsar o espírito imundo", tendo dito: "Esta casta não pode sair com coisa alguma, a não ser com oração e jejum."

"Diante, pois, deles – possessos e possessores – só a oração do amor infatigável e o jejum das paixões conseguem mitigar a sede em que se entredevoram, entregando-os aos trabalhadores da obra de nosso Pai, que em toda parte estão cooperando com o Amor, incessantemente."

E conclui Jesus, segundo a narrativa de Amélia Rodrigues: "Se amardes ao revés de detestardes, se desejardes socorrer e não apenas os expulsardes, tudo fareis, pois que tudo quanto eu faço podeis fazê-lo, e muito mais, se o quiserdes..."[21]

O trabalho de desobsessão se iniciou, pois, com Jesus, indicando o excelso Amigo todo o processo terapêutico a ser empregado dali por diante. A lição ficaria ecoando pelos tempos afora, ensinando aos homens que somente através da prece e da reforma íntima conseguiriam a libertação para os graves padecimentos das obsessões.

21 *Primícias do reino*, Amélia Rodrigues, psicografia de Divaldo Pereira Franco, p. 124, 3ª ed., Livraria Espírita "Alvorada" – Editora.

Depois de longo espaço de tempo, enquanto os homens se esqueceram, deturparam ou abafaram os ditos e feitos do Senhor, perseguindo os obsidiados, os médiuns, enfim, todos os que apresentassem dons mediúnicos ou psíquicos, considerados à época diabólicos, veio o Espiritismo – o Consolador prometido por Jesus – reavivar a luz das lições do Cristo, retirando-a de sob o alqueire das fantasias, que ocultava a Verdade, de acordo com as conveniências e as circunstâncias do poder temporal. Assim, estamos dando continuidade àquele trabalho bendito que as luminosas mãos de Jesus iniciaram.

É o abençoado ministério da desobsessão. Tanto mais abençoado quanto é certo que, ao sermos convocados para esse labor, sentimos no imo da alma que Ele realiza em nós tudo o que pretendemos fazer pelos nossos semelhantes.

Convocados ao jejum das paixões, estamos exercitando a autodesobsessão e porfiando pela mudança de nosso próprio clima mental, pela nossa própria transformação moral.

O Espiritismo, portanto, orienta o tratamento das obsessões, abre novo entendimento acerca do obsessor e obsidiado e demonstra o quanto é importante a participação do enfermo como condição básica para o êxito do tentame, em qualquer tempo em que se realize.

2

O processo de autodesobsessão

"No que diz respeito ao problema das obsessões espirituais, o paciente é, também, o agente da própria cura."

(*Grilhões partidos*, Manoel Philomeno de Miranda, psicografia de Divaldo Pereira Franco, "Prolusão".)

Autodesobsessão: Ato de promover a própria pessoa a sua desobsessão, através da reforma íntima, tal como esclarece a Doutrina Espírita.

Autodesobsessão, sinônimo de autoevangelização, de autorreforma. É o ser humano lutando para dominar as suas más tendências e inclinações.

Nos dias atuais o Espiritismo vem lembrar aos homens a imorredoura lição do Mestre: "Não tornes a pecar." Nisto consiste a participação do obsesso quanto ao próprio tratamento.

Ninguém se engane: o obsidiado só se libertará quando ele mesmo se dispuser a promover a sua autodesobsessão. O Espiritismo não poderá fazer por ele o que ele não fizer por si mesmo. Muito menos os médiuns, ou alguém que lhe queira operar a cura.

Entretanto, muitos pensam, erroneamente, que no Centro Espírita se verão livres de todos os males. De modo geral, quando recorrem aos Centros, trazem o pensamento preconcebido de que todos os seus problemas serão ali resolvidos, como por encanto. Julgam que, pelo fato de buscar auxílio espiritual, passam de imediato toda a responsabilidade de seu tratamento para os Espíritos e para os espíritas. Fazem como quem traz um grande e pesado fardo, que alijam de seus próprios ombros, na tentativa de entregá-lo totalmente aos guias e médiuns. Aos primeiros sinais de que seus problemas não estão sendo resolvidos com a presteza que imaginavam, desiludem-se e vão buscar ajuda em outra parte.

A primeira coisa a ser feita, portanto, é esclarecer ao paciente o quanto a sua participação é fundamental para o tratamento. E nisso reside quase toda a possibilidade de êxito.

Sabemos que existem obsessões incuráveis na presente encarnação. Que determinados casos de subjugação, de possessão não serão solucionados agora. São aqueles que exigem tratamento a longo prazo – o lento, mas belo processo de redenção da alma que se esforça por sua transformação; que luta consigo mesma para superar o passado tiranizante. É uma batalha prolongada.

A Doutrina Espírita vem trazer para essas criaturas o consolo e o remédio, ensinando-lhes o novo caminho que deverão trilhar.

Jesus Cristo legou ao futuro a terapêutica indicada a quaisquer casos de obsessão, e também a medida profilática, por excelência, imprescindível à humanidade de todos os tempos. Ao dizer aos obsidiados a quem libertava dos maus Espíritos: "Não tornes a pecar", lecionava a moralização interior da criatura. Ensinando que não deviam reincidir nos vícios, pregava a autodesobsessão.

Todos os recursos espíritas são canalizados em auxílio aos obsidiados, mas é evidente que unicamente alcançarão resultados positivos os que derem de si mesmos a sua quota de colaboração, aliás imprescindível, e quantos se valerem de todas as instruções apresentadas, pois de nada lhes adiantará conhecerem a medicação se não a utilizarem em si próprios. Os resultados serão assim ineficazes. A terapêutica do Espiritismo é para ser usada e não apenas admirada.

Quando da primeira entrevista com o obsidiado (ou com a família), quando da orientação inicial para o seu caso, dá-se início também ao seu processo de reeducação.

Isto se faz através de todos esses esclarecimentos, motivando-o, estimulando-o a se modificar interiormente, fornecendo-lhe noções do quanto o Espiritismo dispõe para ajudá-lo.

E, sobretudo, que ele se sinta envolvido em vibrações de muita solidariedade e de muito amor, essenciais para dar-lhe confiança e a esperança que tanto busca.

A partir daí, deverá começar o processo de autodesobsessão.

Yvonne A. Pereira tem uma recomendação muito importante no seu livro *Recordações da mediunidade*, cap. 10: "O obsidiado, se não procurar renovar-se diariamente, num trabalho perseverante de autodomínio ou autoeducação, progredindo em moral e edificação espiritual, **jamais deixará de se sentir obsidiado**, ainda que o seu primitivo obsessor se regenere. **Sua renovação moral, portanto, será a principal terapêutica**, nos casos em que ele possa agir." (Grifos nossos.)

3

O valor da prece

"Em todos os casos de obsessão, a prece é o mais poderoso meio de que se dispõe para demover de seus propósitos maléficos o obsessor."

(*A gênese*, Allan Kardec, cap. XIV, item 46.)

Cumpre-nos conscientizar o paciente, sob os cuidados da equipe da desobsessão, da importância da prece no seu tratamento.

Não raro, as pessoas interessadas, diretamente ligadas ao obsidiado e até ele mesmo, acreditam que as preces devem ser feitas no Centro Espírita pelo seu presidente, pelos médiuns, pelos integrantes dos trabalhos, enfim, por todos, menos por eles próprios.

Muitos se julgam incapazes de orar ou acham que suas preces não têm a eficácia que almejam, entregando essa responsabilidade àqueles que, no seu modo de entender, estão mais bem qualificados. Essas pessoas não têm o hábito da oração, não acostumaram a elevar o pensamento a Deus e acham difícil concentrar-se, ainda que por breves minutos, para suplicar ou agradecer as bênçãos do Pai do Céu. Ou foram habituadas às preces decoradas, que consistem num simples balbuciar de palavras que não brotam do coração. Falam, suplicam maquinalmente e têm longe o pensamento. Quando não reclamam favores absurdos, que atendem apenas às coisas materiais ou a interesses que nem sempre representam o melhor. Outros acomodaram-se, pelo costume tradicional de encomendar orações a terceiros, consoante suas práticas religiosas.

O Espiritismo, como verdadeira escola de fé, veio ensinar tudo isto ao ser humano. Veio para relembrar as lições primeiras que o homem olvidou, aquelas mais simples e puras, até as mais altas noções que envolvem os problemas do ser, que falam da sua anterioridade ao berço e de sua continuidade, como imortal que é. A Doutrina Espírita apresenta-se assim, à humanidade, como curso mais completo de conhecimentos de que se tem notícia, onde nos matriculamos nas primeiras letras e, gradativamente, nos encaminhamos à universidade do Espírito. Um curso que não tem fim, um curso para todo o sempre, que prossegue com o ser na eternidade que lhe é inerente, por representar a Evolução.

Aprender a orar. Noções de como conversar com o Amigo divino, lição de como se entregar a Ele pela prece nascida do sentimento mais puro. Isto também é tarefa que nos cabe desincumbir junto a esses irmãos carentes de entendimento. Falar da importância e do valor da oração, levar as pessoas a entender que elas têm capacidade e possuem recursos interiores, que, se acionados, lhes possibilitarão a sintonia com o Alto.

Àqueles, pois, que estiverem em condições de compreender isso, que tais explicações sejam dadas, para que desenvolvam, pelo próprio esforço, as suas potencialidades.

Não lhes neguemos, porém, a nossa cooperação, visto que seria faltar com a caridade, consoante o que nos aconselha o Apóstolo Tiago: "Orai uns pelos outros, a fim de que sareis, porque a prece da alma justa muito pode em seus efeitos."

Orar em benefício dos nossos irmãos que passam por provações e que nos solicitam preces é um dever de solidariedade e amor.

Orientemos as pessoas que nos solicitarem preces para que, no mesmo dia e horário da reunião, em seus lares, façam a leitura de um trecho de *O evangelho segundo o espiritismo* e, em seguida, que orem também, explicando-lhes que esse proceder lhes propiciará a sintonização com os benfeitores espirituais, colocando-os em posição de receptividade.

Esse procedimento, a par de incentivá-los a orarem com regularidade, leva-os a assumirem, gradativamente, a parte que lhes compete no tratamento, e tem produzido excelentes resultados, conforme depoimento espontâneo dos próprios interessados.

4

A necessidade da reforma interior

"[...] É, pois, indispensável que o obsidiado faça, por sua parte, o que se torne necessário para destruir em si mesmo a causa da atração dos maus Espíritos."

(*O livro dos espíritos*, Allan Kardec, questão 479.)

Um mal existente há muitos anos, há séculos mesmo, não se resolve de súbito. Procedimentos enraizados e que se perdem na poeira do passado não se consegue modificar repentinamente.

Essa dificuldade é comum tanto ao obsidiado quanto ao obsessor. E nas almas em conflitos, que se debatem no emaranhado de compromissos do pretérito, mais difícil se torna a assimilação de novos hábitos, que modifiquem conceitos e até, mais ainda, sentimentos.

Hábitos de ódio, de revolta, de vingança; condicionamentos de modos de proceder egoísticos e cruéis, sentimentos que foram cultivados durante séculos somente se transformarão no momento em que, cansados de sofrer, de se machucar nos espinheirais do caminho, no exato instante em que sorverem o conteúdo completo da taça de fel, forem tais irmãos conquistados pelas forças suaves e persuasivas do Bem e do Amor.

A transformação moral é (presume-se) meta principal de todo espírita, daquele que sente dentro de si mesmo despertarem todas as potências. É a luz que se acende. O chamado que repercute. O romper dos primeiros elos que nos manietavam ao jugo das servidões inferiores. O cair das "escamas": "E logo lhe caíram dos olhos como que umas escamas e recuperou a vista." (ATOS, 9:18.)

Emmanuel analisa magistralmente o instante em que Ananias, sob o influxo do Mestre, devolve a visão a Paulo de Tarso, alertando-nos para outras escamas que também nos revestem: "Não somente os olhos se cobriram de semelhantes excrescências. Todas as possibilidades confiadas a nós outros hão sido eclipsadas pela nossa incúria, através dos séculos. Mãos, pés, língua, ouvidos, todos os poderes da criatura, desde milênios permanecem sob o venenoso revestimento da preguiça, do egoísmo, do orgulho, da idolatria e da insensatez."[22]

E Emmanuel prossegue explicando que, após render-se incondicionalmente ao Cristo, Paulo entra na cidade onde iria receber a ajuda de Ananias. Mas que, sendo-lhe restituída a visão, Paulo daí em diante entregar-se-ia de corpo e alma à causa

22 *Vinha de luz*, Emmanuel, psicografia de Francisco Cândido Xavier, cap. 149, 4ª ed., FEB.

do Senhor, e, à custa de extremos sacrifícios, consegue "extrair, por si mesmo, as demais escamas que lhe obscureciam as outras zonas do ser".

E o que temos feito nós para sair de dentro de nossas escamas, que são como couraça a nos revestirem? De que maneira temos trabalhado para conseguir isso?

A Doutrina Espírita nos faculta todos os meios para atingirmos esse desiderato.

Já não podemos mais postergar o labor de nossa transformação íntima.

Hoje, que reencontramos a palavra do Mestre em toda sua pureza e simplicidade nos ensinos do Consolador; agora, que sentimos integralmente todo o peso de nossa responsabilidade e o quanto permanecemos até o presente cegos, surdos, paralíticos e hebetados, soou, enfim, o instante decisivo em nossa existência multimilenar.

Cansados de carregar o fardo de aflições, defrontamo-nos, talvez, com o mais decisivo momento de nossa romagem evolutiva. É definição que de nós esperam aqueles que nos amam e nos aguardam no plano espiritual maior.

Não só para os portadores de obsessões declaradas enfatizamos a imperiosa e inadiável necessidade da reforma moral, mas para todos nós, espíritas ou não.

A importância dos trabalhos desobsessivos, dos estudos que estamos efetuando em torno desse tema é, por isso, grandiosa, já que os primeiros beneficiados somos nós, os que estamos lidando nessa abençoada seara.

Para termos condições morais de colaborar numa tarefa dessa envergadura torna-se imprescindível que apliquemos, de início, em nós mesmos, as lições que tentamos transmitir aos outros.

A moralização íntima é assim condição essencial para a cura tanto do algoz quanto da vítima. E para a nossa própria cura.

5

A ação do pensamento

"Pensar é criar. A realidade dessa criação pode não exteriorizar-se, de súbito, no campo dos efeitos transitórios, mas o objeto formado pelo poder mental vive no mundo íntimo, exigindo cuidados especiais para o esforço de continuidade ou extinção."

(*Pão nosso*, Emmanuel, psicografia de Francisco Cândido Xavier, cap. 15.)

Obsessão e desobsessão: escravização e libertação do pensamento. Ensinamento extraordinário que a Doutrina Espírita lega à humanidade.

Escravização que está sendo analisada neste livro e que nos demonstra:

– a que ponto de subjugação pode chegar o ser humano, atormentado por outro ser humano, em gradações que vão desde a obsessão sutil até a possessão e o vampirismo;

– o ser humano autoflagelando-se mentalmente, até atingir a auto-obsessão, que, como vimos, abre campo para sintonias inferiores;

– o ser humano assolado pelo remorso, pela descrença ou egoísmo, enclausurando-se no pensamento viciado, cujo centro é ele próprio, num processo de autodestruição que o levará, após a desencarnação, persistindo o circuito mental viciado, a transubstanciar-se num ovoide.

Libertação – meta principal de todos nós. Escopo final do homem, que aspira a ser livre para sempre. E nesse ideal de liberdade julga erradamente que irá encontrá-la em aventuras arriscadas e dispendiosas, sondando o cosmos, lançando-se ao espaço, na ânsia de conquistar o infinito.

Não descobriu até hoje que o infinito está muito perto. Que o infinito é ele mesmo: o ser imortal e eterno, cujas potencialidades maravilhosas jazem adormecidas e inexploradas, formando um microuniverso quase totalmente desconhecido.

Há um universo em cada um de nós, aguardando ser descoberto e guardando riquezas cósmicas que um dia nos tornarão "deuses".

Na obra *Libertação* encontramos estas afirmativas que pela sua importância merecem mencionadas:

"[...] o espírito humano lida com a razão há, precisamente, quarenta mil anos..."[23]

"[...] Há milhões de almas humanas que se não afastaram, ainda, da Crosta Terrestre, há mais de **dez mil anos**. Morrem no

23 *Libertação*, André Luiz, psicografia de Francisco Cândido Xavier, cap. I, 8ª ed., FEB.

corpo denso e renascem nele, qual acontece às árvores que brotam sempre, profundamente arraigadas no solo. Recapitulam, individual e coletivamente, lições multimilenárias, sem atinarem com os dons celestiais de que são herdeiras, afastadas deliberadamente do santuário de si mesmas, no terreno movediço da egolatria inconsequente, agitando-se, de quando em quando, em guerras arrasadoras que atingem os dois planos, no **impulso mal dirigido de libertação**, através de crises inomináveis de fúria e sofrimento." (Grifos nossos.)[24]

Milhares de anos em que utilizamos o nosso pensamento para o mal, para a destruição. Milênios de dor e sofrimento. Séculos de experiências dolorosas. Nossa colheita tem sido de pranto, para que nas fontes do sentimento dilacerado pudéssemos mudar o rumo do pensamento envolvido no mal, preso ao jugo dos instintos inferiores.

Pensamentos viciados. Mente subjugada à escravidão das paixões. Caminhos que escolhemos por vontade própria. Deixamos passar as oportunidades de modificar o nosso clima mental e nos comprometemos cada vez mais com a retaguarda de sombras, que hoje nos está cobrando pesado ônus.

Profundamente habituados a orientar erroneamente a direção do nosso pensamento, eis que surge o Espiritismo, como bênção de acréscimo da Misericórdia divina, para nos libertar. A Doutrina Espírita veio desvendar o processo de nossa libertação. E demonstrar que a liberdade tem que ser conquistada com o empenho de todas as nossas energias e com o selo de nossa responsabilidade.

Liberdade e responsabilidade. Para merecermos a primeira temos que assumir a segunda.

24 *Libertação*, André Luiz, psicografia de Francisco Cândido Xavier, cap. II, 8ª ed., FEB.

Dos tormentosos processos obsessivos, o homem só se liberará quando entender o quanto é responsável pelo próprio tormento e pelos que infligiu aos que hoje lhe batem às portas do coração, roubando a paz que julgava merecer.

Os benfeitores espirituais têm trazido ensinamentos renovados sobre a importância de nossa atitude mental. Julgamos, entretanto, que mesmo nós, os espíritas, ainda não conseguimos avaliar o que representa o pensamento em nossa romagem de Espíritos imortais, encarnados ou não. A verdade é que refletimos pouco a esse respeito. Não damos o devido valor à necessidade de selecionar as ondas mentais que emitimos e as que captamos. E nisto reside todo o segredo, se assim podemos dizer, da existência humana.

Na qualidade do pensamento que emitimos, que cultivamos e que recebemos dos outros, aceitando-os ou não, está o "mistério" da saúde ou da doença, da paz ou do desequilíbrio.

É sabido que o pensamento é mensurável. Que é uma força eletromagnética, conforme ensina Emmanuel. Mas, estando cientes disto tudo, ainda assim não damos a devida importância à ação do pensamento.

Ao conquistar o raciocínio, o homem adquiriu a consciência, a faculdade de estabelecer padrões morais. Ao tornar-se espírita, o ser humano teve a sua consciência clarificada pelos ensinamentos da Terceira Revelação, o que a torna plenamente lúcida, capaz de discernir com profundidade, de enxergar além dos limites físicos, vislumbrando o seu passado e antevendo o seu futuro. Jamais teve o homem tal clareza de raciocínio. Jamais a sua consciência se apresentou tão viva e atuante. Mesmo não tendo cultura vasta, mesmo não sendo letrado, porque o discernimento independe de cursos. A consciência do espírita acorda no homem a responsabilidade.

Diante disto tudo, é muito importante direcionar o nosso pensamento. Não podemos permanecer indiferentes ante essa força que existe em nós, que expressa a nossa própria essência.

Somos responsáveis pela qualidade dos nossos pensamentos. Não nos basta frenar atitudes menos dignas e permitir que nas asas do pensamento elas se realizem. Não nos é suficiente disciplinar o nosso comportamento e trazer no íntimo o pensamento conturbado, ansiando pelas realizações que a consciência censurou.

Cabe-nos disciplinar as emoções e os pensamentos que defluem delas. Mas essa disciplina deve ser fruto da compreensão. Da certeza do que é realmente melhor. É preciso **querer gostar** de atuar no bem e consequentemente de pensar no bem e pensar bem.

Essa é uma laboriosa conquista. É filha da reflexão, do amadurecimento interior. É filha da necessidade que todos temos de ser bons. E ser bom é ter amor. O amor é a necessidade primeira do ser humano, é o seu alimento, o ar que respira, a vida que estua dentro dele. Por isto sofremos tanto quando nos afastamos do amor. Estamos assim negando ao nosso Criador, que nos criou no seu divino Amor, e negando a nós mesmos.

...

O nosso pensamento estagiou por milênios em faixas primitivas. Aos poucos, fomos vagarosamente imprimindo-lhe nova direção. Os sucessivos aprendizados enriqueceram a nossa mente com experiências diversas e a nossa emissão mental se aprimorou. Mesmo assim, demoramos a entender que o controle de nosso pensamento é de nossa exclusiva responsabilidade. E essa nova compreensão é decisiva em nosso destino.

De acordo com o que pensamos serão as nossas companhias espirituais e, parodiando a sentença popular, diremos: "Dize-me o que pensas e te direi com quem andas..."

Esse é o notável ensinamento que a Doutrina Espírita nos apresenta.

Pelo pensamento desceremos aos abismos ou chegaremos às estrelas. Pelo pensamento nós nos tornamos escravos ou nos libertamos.

A obsessão é, pois, o pensamento a transitar e a sintonizar nas faixas inferiores.

Desobsessão, ao invés, é a mudança de direção do pensamento para rumos nobres e construtivos. É a mudança do padrão vibratório, sob o influxo da mente, que optou pela frequência mais elevada.

Essa mudança é uma questão de escolha. De seleção.

É só se chega a tal estado, a uma transformação dessa espécie, acionando-se uma das maiores potencialidades que existe no ser humano: a Vontade.

6

O poder da vontade

"[...] A vontade não é um ser, uma substância qualquer; não é, sequer, uma propriedade da matéria mais etérea que exista. A vontade é atributo essencial do Espírito, isto é, do ser pensante."

(*O livro dos médiuns*, Allan Kardec, item 131.)

Até hoje o ser humano não se preocupou o suficiente, ou não despertou para essa incrível força que traz no imo d'alma: a Vontade.

Acostumou-se, sim, a ter **má vontade** para tudo o que dá mais trabalho e que exige perseverança, esforço e abnegação.

Como todas as demais potencialidades latentes em nós, a vontade, para a grande maioria, é somente acionada para aquilo que for mais fácil, menos custoso ou, o que é pior, para destruir.

Aos que padecem de problemas obsessivos, deve-se-lhes esclarecer o quanto é essencial a sua própria participação no tratamento e que deles mesmos dependerá, em grande parte, o êxito ou o insucesso em alcançar a cura.

A primeira providência será no sentido de mudar a direção dos pensamentos. Modificar o estado mental é arejar a mente, higienizando-a através de pensamentos sadios, otimistas, edificantes. É substituir as reflexões depressivas, mórbidas, que ressumam tédio, solidão e tristeza por pensamentos contrários a esse estado interior, num exercício constante, que se renova a cada dia, aprendendo a olhar a vida com olhos otimistas, corajosos e, sobretudo, plenos de esperança. É abrir as janelas da alma através da prece, permitindo que um novo sol brilhe dentro de si mesmo, gerando um clima interior que favoreça a aproximação de Espíritos Bondosos. Isto só será possível mobilizando a Vontade, que, segundo esclarece Emmanuel, "é o impacto determinante. Nela dispomos do botão poderoso que decide o movimento ou a inércia da máquina".[25]

Na vontade do nosso próprio eu está o controle que dirige a energia mental, encaminhando-a para determinado rumo, e de acordo com Emmanuel – e isto é muito importante neste nosso estudo –, embora a mente venha a sintonizar com os pensamentos emitidos por outras pessoas, a vontade pode impor disciplina íntima, dirigindo e mantendo firmes os pensamentos na direção do bem.

A vontade é, pois, o comando geral de nossa existência. Ela é a manifestação do ser como individualidade, no uso do seu livre-arbítrio. Temos a liberdade de escolher, de optar, mas só o faremos quando usarmos a vontade.

25 *Pensamento e vida*, Emmanuel, psicografia de Francisco Cândido Xavier, cap. 2, 5ª ed., FEB.

A conscientização do enfermo para este ponto é fundamental, para que ele compreenda a sua participação no processo de desobsessão, na sua autodesobsessão, enquanto simultaneamente se realizam os trabalhos desobsessivos no Centro Espírita, nas reuniões especializadas. Quando o paciente apresenta condições, todas as noções que a Doutrina apresenta devem ser gradualmente ministradas, lembrando-se de que essa é uma tarefa que demanda tempo e paciência, perseverança e amor.

7

A terapia da caridade

"Porquanto, tive fome e me deste de comer; tive sede e me deste de beber; careci de teto e me hospedastes; estive nu e me vestistes; achei-me doente e me visitastes; estive preso e me fostes ver.

Em verdade vos digo, todas as vezes que isso fizestes a um destes mais pequeninos dos meus irmãos, foi a mim que o fizestes." – *Jesus.*

(MATEUS, 25:35, 36 e 40.)

Todos necessitamos nos engajar nos serviços de amor ao próximo.

Há tantas dores na Terra. Dores que surgem ao nosso redor, que crescem e se avolumam e que dominam os seres humanos.

Há tanta dor caminhando pelas ruas do mundo, gritando no silêncio por socorro, clamando ajuda, cujos gritos somente serão captados pelos corações sensíveis, dispostos ao amor, à caridade.

Há tanta dor ao nosso lado e, muitas vezes, fechados, encastelados em egoística preocupação com os nossos problemas íntimos, não a vemos, embora seja ela imensamente mais intensa que a nossa própria dor.

A benfeitora espiritual Joanna de Ângelis nos alerta: "Ameniza tuas provações ajudando outros sob a dolorosa cruz de provações sem nome. Há fome de amor perto do teu leito de queixas."[26]

E nós, que já recebemos a bênção do Consolador, que já estamos consolados pelo entendimento que ele nos faculta, temos o dever impostergável de procurar amenizar as dores cruciantes daqueles que sofrem duplamente, pois aliam ao próprio sofrimento os sentimentos de revolta, impaciência, nervosismo, que são, em última análise, falta de fé.

•••

Obsidiado, quando do início do seu tratamento, deve ser interado de que o labor da caridade, em nome de Jesus, é fator primordial para a sua melhoria interior. Através da disposição que o paciente apresente para esse serviço, de sua perseverança e boa vontade, conseguirá ele, aos poucos, ir convencendo o seu obsessor da sua renovação moral, o que indubitavelmente, representará um fator positivo a seu favor.

Quando Joanna de Ângelis nos diz: "Há fome de amor perto do teu leito de queixas", alerta-nos para que olhemos em torno de nós, porque certamente estaremos cercados de irmãos em situações mais dolorosas e que, auxiliando-os, estaremos con-

26 *Dimensões da verdade*, Joanna de Ângelis, psicografia de Divaldo Pereira Franco, p. 66, 1ª ed., Grupo Editorial Spiritus.

comitantemente amenizando as nossas provações, tornando mais leve e suave o nosso fardo. Mas para isto é preciso esquecer de si mesmo, para se preocupar e ajudar aos que gemem e choram em situações mais aflitivas e que não possuem o conhecimento espírita para fortalecê-los.

Temos em nossa família um caso que, embora não sendo um problema de obsessão, exemplifica bem o conselho dessa tão querida benfeitora.

Um nosso parente, J..., aos 66 anos, sofreu, no período de um ano, dois enfartes. Sendo espírita militante, desses que trabalham no anonimato e perseveram na seara que lhe foi confiada com a maior abnegação, ao ser hospitalizado e estando no Centro de Tratamento Intensivo (CTI), tão logo teve condições de falar, procurou certificar-se quem eram os seus companheiros, aqueles que estavam a seu lado, em leitos semelhantes e em estado igualmente gravíssimo.

Nas duas vezes, e durante todo o tempo que lá permaneceu, ele se dedicou a conversar, a animar e confortar os que estavam padecendo aflições, falando-lhes abertamente do Espiritismo e do conforto e esperança que ele nos dá. Nós, os de sua família, logo fomos informados desta sua atividade e das lições de otimismo e fé que ele transmitia aos demais doentes, que não cessavam de agradecer-lhe os benefícios de suas palavras, inclusive, por intermédio dos parentes, que, informados de tudo, notaram o quanto os seus enfermos estavam mais confiantes e esperançados. Era-lhe tão intensa a vontade de reconfortar os companheiros que esta não passou despercebida dos médicos e enfermeiros de plantão, que não dispensavam também uma conversa amigável com aquele paciente algo diferente dos demais.

Tempos depois, quando do segundo enfarte, este bem mais grave, J... teve que ir a São Paulo, onde foi operado pelo

Dr. Zerbini, afamado cirurgião, no Hospital da Beneficência Portuguesa. Durante o período pré-operatório, J... dedicou-se a animar os companheiros de quarto, lendo com eles, inclusive, trechos de *O evangelho segundo o espiritismo*, que eram atentamente ouvidos por todos como verdadeira bênção dos Céus.

Como a dor une as criaturas! Por momentos breves em suas trajetórias terrenas, aqueles seres se encontraram em situações quase idênticas. Mas só um trazia acesa e cultivada a chama da fé. Só um possuía a coragem e a serenidade para suportar estoicamente todas as angústias da expectativa, entregando-se confiante nas mãos do Criador. Só um possuía a explicação e o entendimento racional da dor e a visão ampliada além dos limites da vida material. Este foi, então, a ponte que o Alto utilizou para atender àqueles enfermos, que se reuniram, momentaneamente, não por mero acaso, mas porque necessitavam e mereciam ouvir as notícias de um mundo maior, descortinando-lhes novos horizontes.

Durante os dias que antecederam à cirurgia, alguns membros da família de J..., que o acompanhavam, iam ministrar-lhe passes, até duas vezes por dia. Quando do instante do primeiro passe, J... explicou aos companheiros o que iria acontecer, pedindo-lhes licença para as preces que iam ser proferidas com a maior discrição e simplicidade, mas que ele julgava ser de seu dever informar-lhes, tanto quanto solicitar-lhes permissão, a fim de não ferir a crença de quem quer que fosse. Para surpresa geral, os três companheiros, de imediato, não só aquiesceram, como também manifestaram o desejo de, se possível, receberem o mesmo benefício. E sob intensa emoção uniam-se os corações nas suaves harmonias da prece e do passe revigorante. E, o que é mais surpreendente, é que, mesmo havendo horário rígido para as visitas, os membros da família de J... entravam e saíam no grande hospital, na hora do passe, como se não fossem vistos por ninguém ou como se pertencessem ao ambiente do próprio hospital. Nunca foram sequer interpelados por um funcionário, pelos médicos ou enfermeiros, com quem cruzavam muitas vezes nos corredores.

Após a cirurgia, J... permaneceu no CTI por tempo recorde: 40 horas, quando o comum é um mínimo de 48 horas.

Ao voltar para o quarto, prosseguiu no seu trabalho de animar os companheiros, enquanto seu pós-operatório foi considerado pelos médicos o mais surpreendente de todos, tendo em vista seu estado e a idade. Em menos de 48 horas J... já se levantava e andava pelo quarto, daí por que passou a ser citado, em todo o andar do hospital paulista, como modelo de força de vontade e coragem.

O que muitos não sabiam é que ele, tal como aconselha Joanna de Ângelis, se dedicou a amenizar as próprias dores, atendendo, em nome de Jesus, as dores em torno do seu leito.

O melhor, sem sombra de dúvidas, para todos nós, é sair da nossa cela pessoal e ir ao encontro dos irmãos em humanidade, lembrando que, ao atendê-los, o estamos fazendo ao próprio Cristo.

8

Os recursos espíritas

"Recorre aos recursos espíritas: ora, e ora sempre, para adquirires resistência contra o mal que infelizmente ainda reside em nós; permuta conversação enobrecida, pois que as boas palavras [...] renovam as disposições espirituais; utiliza o recurso do passe socorrista, rearticulando as forças em desalinho; [...] sorve um vaso de água fluidificada, restaurando a harmonia das células em desajustamento e, sobretudo, realiza o bom serviço."

(*Florações evangélicas*, Joanna de Ângelis, psicografia de Divaldo Pereira Franco, cap. 51.)

No âmbito geral, todos os ensinamentos do Espiritismo constituem preciosos recursos para a obtenção da cura espiritual de que todos carecemos.

Enfermos da alma, doentes em processo de tratamento de longo curso, pois que somente agora despertamos para a realidade do nosso próprio estado íntimo, encontramos no Cristianismo Redivivo a única terapêutica em condições de nos tornar sãos.

Remontando às causas, penetrando nas origens dos males que nos acometem, possibilita-nos um trabalho de renovação de dentro para fora, cicatrizando ulcerações que nasceram da irresponsabilidade, do esquecimento das Leis divinas, do abuso e da omissão.

Sem embargo, o Espiritismo possui recursos especiais, que são acionados como parte do tratamento, tanto nas moléstias do corpo quanto – e principalmente – nas do espírito.

Joanna de Ângelis concita-nos a recorrer em qualquer ocasião aos recursos espíritas, quais sejam: a oração constante; a conversação edificante; a água fluidificada; o passe e o trabalho com Jesus. E conclui dizendo: "Nenhum mal consegue triunfo no terreno reservado ao bem atuante." **(Id. ib.)**

Quando convocada para atender a um obsidiado, a equipe especializada nesse mister deverá certificar-se de algumas particularidades que envolvem o caso, visando ajuizar as medidas a serem adotadas. Tratando-se de problemática mais grave, como subjugação ou possessão, as providências têm caráter de emergência, pois, tal como sucede no atendimento hospitalar, o enfermo deverá ser atendido com a máxima presteza possível. A equipe deverá acorrer ao pronto-socorro, adotando as medidas adequadas.

Geralmente o paciente é levado ao Centro Espírita para o passe e a orientação espiritual. Mas, em ocasiões de maior gravidade, é provável que um ou alguns membros da desobsessão sejam chamados para atender no próprio local onde se encontra o companheiro necessitado. Esse atendimento suscita, obviamente, uma série de preocupações.

Se houver imperiosa necessidade de se socorrer o paciente em seu lar, por exemplo, através do passe, é imprescindível que compareçam, no mínimo, dois integrantes da equipe. O médium passista nunca deverá ir só para quaisquer atividades do seu setor, mormente em casos dessa natureza. E, para levar o concurso eficiente e fraterno, devem buscar na prece e na leitura de uma página espírita a sintonia fundamental com o Alto. Esse preparo deve ser efetuado a partir do chamamento emergencial, nos instantes que antecedem a ida dos passistas ao lar do enfermo.

Também devem ser informados previamente, pelo menos em linhas gerais e na medida do possível, de certos dados a respeito do paciente, tais como: quando começou a sofrer o problema da obsessão; como se apresenta; como é o enfermo em seu estado normal (isto é, se é triste, deprimido, de humor instável, revoltado, impressionável etc.); como a família reage ao problema; se aceita a orientação espírita; se o doente está fazendo tratamento médico e usando medicamentos; se já foi internado em razão desse problema etc.

Todas essas informações são de grande utilidade para que os tarefeiros da desobsessão tenham mais segurança e melhores condições de apreender o estado geral do obsidiado. Esses dados podem parecer desnecessários e que o melhor é deixar tudo por conta dos guias, já que, estando estes cientes do caso de forma mais ampla e profunda, os encarnados não precisam ser inteirados de tantas minúcias. Esse raciocínio é simplista, pois na verdade os participantes da equipe devem estar conscientizados de tudo, o que irá conferir-lhes responsabilidade e compreensão mais dilatada, além de sensibilizá-los ainda mais para o caso em andamento.

Em *O livro dos médiuns* (item 225), encontramos uma comunicação de Erasto e Timóteo aconselhando que, se alguém for questionar os Espíritos, que o médium seja inteirado, antecipadamente, das questões que serão formuladas, esclarecendo: "[...] é bom e conveniente que a série de perguntas seja comunicada de antemão ao médium, para que este se identifique com o Espírito do evocador e dele, por assim dizer, se impregne, porque, então, nós outros teremos mais facilidade para responder, por efeito da afinidade existente entre o nosso perispírito e o do médium que nos serve de intérprete."

Tal conselho se enquadra perfeitamente naquilo que vínhamos dizendo, porque, quanto mais os encarnados se identificarem com o paciente, através do interesse, do cuidado, do conhecimento do seu estado, do desejo de aliviá-lo, melhores serão os resultados obtidos. Com mais facilidade atuarão as entidades do mundo maior, encontrando os medianeiros receptivos, conscientes e seguros da tarefa. O que, aliás, será igualmente captado pelos perseguidores e sua vítima.

Convém lembrar sempre que se o doente está fazendo uso de medicação receitada por médico da Terra, **esta não deverá ser suspensa**, nem sob o pretexto de atrapalhar o tratamento espiritual. Uma atitude dessas traz graves implicações, cujos resultados poderão comprometer seriamente aquele que a recomendou. Afinal, sabemos à saciedade que existem casos de caráter misto, em que se conjugam o mal espiritual e o físico, exigindo por isso uma terapêutica igualmente mista.

9

Esclarecimento ao obsidiado

"Seja, todavia, qual seja o recurso utilizado no socorro ao padecente do flagelo obsessivo, somente o obsidiado pode oferecer o indispensável requisito para a própria saúde: reforma íntima." – *Manoel Philomeno de Miranda.*

(*Sementeira da fraternidade*, Diversos Espíritos, psicografia de Divaldo Pereira Franco, cap. 5.)

Em trabalho desobsessivo, muita vez, a atenção da equipe que atua nessa especialização se volta de modo muito intenso e integral para os obsessores. A primeira providência, segundo creem, seria a de doutrinar os perseguidores invisíveis. Para que isto se dê, empregam todos os seus melhores esforços.

É imperioso, porém, não olvidar que todo esse esforço poderá ser improdutivo se não cuidarmos com igual ou mais atenção do obsidiado.

Já vimos quem é o obsidiado. Já temos ciência de que em vários casos ele se apresenta mais endurecido que o seu perseguidor. Como também temos conhecimento de que a situação pode ser de obsessão recíproca ou até inversa, isto é, o que aparenta ser a vítima é, na realidade, o algoz.

São nuanças de um problema muito complexo, mas que definem diretrizes, que nos informam dos rumos do tratamento e, acima de tudo, nos fazem entender melhor os sofrimentos daqueles que estão vivendo esses conflitos angustiantes.

Todavia, em qualquer dos aspectos em que se apresente a questão, devemos empenhar-nos a fundo na tarefa de esclarecimento ao obsidiado.

É um trabalho que demanda tempo e exige dedicação e perseverança.

Esclarecer o obsidiado é fazê-lo sentir o quanto é essencial a sua participação no tratamento. É orientá-lo, dando-lhe uma visão gradativa, cuidadosa, do que representa em sua existência aquele que é considerado o obsessor.

É levantar-lhe as esperanças, se estiver deprimido; é transmitir-lhe a certeza de que existem dentro dele recursos imensos que precisam ser acionados pela vontade firme para que venham a eclodir, revelando-lhe facetas da própria personalidade até então desconhecidas para ele mesmo. É ir aos poucos conscientizando-o das responsabilidades assumidas no pretérito e que agora são cobradas através do irmão infeliz que se erigiu em juiz, cobrador ou vingador.

Unicamente por meio da renovação íntima é que o enfermo logrará a libertação do seu pensamento, cerceado pelo perseguidor. Este, sentindo a modificação da onda mental de sua vítima, encontrando nela os primeiros vestígios de perdão e amor, irá progressivamente sendo tocado por essa mudança. Daí por que a transformação tem que ser verdadeira, integral. Se o obsidiado quiser apenas aparentar, se não se conduzir com plena consciência do que deve fazer, não alcançará êxito.

Para que os esclarecimentos possam ser levados ao enfermo encarnado é imprescindível que os encarregados dessa tarefa tragam no coração grande dose de amor, de paciência, de fé, a fim de que tais sentimentos sejam por ele captados, pois sentindo-se envolvido, percebendo que a seu lado estão companheiros que o entendem e o estimam e que estão dispostos a ajudá-lo, sentir-se-á mais confiante e com maior predisposição para realizar sua própria reforma interior.

Nunca é demais enfatizar-se: esse é um labor fundamentalmente embasado no AMOR. Se não houver este sentimento, se não existir a verdadeira caridade impulsionando a equipe, não haverá proveito e nem mesmo existirá uma equipe de desobsessão, na acepção que conferimos ao termo.

O esclarecimento será feito através de conversações, de reuniões adequadas, de palestras, de leituras de obras espíritas indicadas pela equipe, entendendo-se que para cada caso serão adotadas as medidas compatíveis.

Quando o paciente não apresentar condições para o esclarecimento, ainda assim devemos conversar com ele, quando houver ensejo (por exemplo antes do passe) e usando uma abordagem apropriada ao caso. Isto é importante e traz bons resultados para o enfermo, é o que nos aconselha Manoel Philomeno de Miranda, explicando que eles devem ser esclarecidos "através de mensagens esclarecedoras ao subconsciente, pela doutrinação eficaz, conclamando-o ao despertamento, do que dependerá sua renovação".[27]

27 *Grilhões partidos*, Manoel Philomeno de Miranda, psicografia de Divaldo Pereira Franco, "Prolusão", 1ª ed., Livraria Espírita "Alvorada" – Editora.

10

A importância da fluidoterapia

"Nos casos de obsessão grave, o obsidiado fica como que envolto e impregnado de um fluido pernicioso, que neutraliza a ação dos fluidos salutares e os repele. É daquele fluido que importa desembaraçá-lo. Ora, um fluido mau não pode ser eliminado por outro igualmente mau. Por meio de ação idêntica à do médium curador, nos casos de enfermidade, *preciso se faz expelir um fluido mau com o auxílio de um fluido melhor.*"

(*A gênese*, Allan Kardec, cap. XIV, item 46.)

A fluidoterapia, como o próprio nome indica, é o tratamento feito com fluidos, ou seja, através dos passes e da água fluidificada.

O passe é um ato de amor na sua expressão mais sublimada. É uma doação ao paciente daquilo que o médium tem de melhor, enriquecido com os fluidos que o seu guia espiritual traz, e ambos – médium e benfeitor espiritual –, formando uma única vontade e expressando o mesmo sentimento de amor.

O passe, por isso, traz benefício imediato. O doente, sentindo-se aliviado, mesmo por alguns momentos, terá condições de lutar por sua vez na parte que lhe compete no tratamento.

A constância da aplicação da fluidoterapia, aos poucos, propiciará ao enfermo as energias de que carece e o alívio que tanto busca.

Para que se realize a conjugação dos fluidos do plano espiritual com os do médium, ressaltamos não ser necessário que este receba o Espírito que vem cooperar. A associação de energias se verifica sem que isto seja preciso, à simples aproximação de um Amigo do plano extrafísico, que atende assim ao apelo do médium passista feito através da prece e estando este receptivo e preparado para a doação fluídica.

O passe é essencial e importante na terapêutica desobsessiva. E acontece, não raro, ter a aplicação de um único passe êxito surpreendente, mesmo para os que estão afeitos a esse trabalho.

O sucesso representa a soma de muitos fatores, inclusive (é bom não nos esquecermos) o mérito do enfermo, razão pela qual o médium jamais deve envaidecer-se com isto. Mesmo porque, caso haja vaidade, a produção e o rendimento do médium passista sofrem uma queda subitânea.

Na terapêutica desobsessiva a fluidoterapia, aliada aos outros recursos que a Doutrina Espírita oferece, proporciona, pois, salutares efeitos.

Nós, espíritas, teremos muito a contar sobre a excelência desses recursos. Muitos casos poderíamos narrar a respeito. Um deles, todavia, caracteriza bem o resultado do passe aliado à reunião de desobsessão.

M..., jovem de 17 anos, subitamente passou a sofrer de insônias e grande agitação. Nos momentos em que era acometida dessa aflição indefinível, sentia também um odor insuportável que não conseguia explicar e só por ela percebido. O cheiro era muito forte e não havia recurso algum que o dissipasse. Entretanto, cessado o estado de angústia, também aquele desaparecia como por encanto, para retornar mais tarde, nos mais diferentes momentos.

Um amigo espírita levou a jovem ao Centro Espírita Ivon Costa para receber o passe. Esse foi ministrado antes da reunião de desobsessão, e, após recebê-lo, a paciente regressou ao lar, dizendo-se aliviada. Durante a reunião manifestou-se uma entidade muito sofredora, que padecia os horrores de sentir-se imantada ao próprio cadáver em decomposição. Sentia-se simultaneamente dentro e fora do caixão. Recebendo o amparo do Alto, o Espírito foi desligado e levado para tratamento.

Conforme fomos cientificados pelo mentor da reunião, essa entidade aproximara-se de M... com quem se afinizara, mas não tinha consciência disso e do mal que praticava. A jovem, a partir daquela noite, nunca mais sentiu coisa alguma. Recebeu orientações, prosseguiu com a terapêutica do passe por mais umas semanas, sentindo-se plenamente equilibrada.

11

Orientação à família do obsidiado

"Vinculados os Espíritos no agrupamento familial pelas necessidades da evolução em reajustamentos recíprocos, no problema da obsessão, os que acompanham o paciente estão fortemente ligados ao fator predisponente, caso não hajam sido os responsáveis pelo insucesso do passado, agora convocados à cooperação no ajustamento das contas."

(*Grilhões partidos*, Manoel Philomeno de Miranda, psicografia de Divaldo Pereira Franco, "Prolusão".)

Não somente o obsidiado deve ser conscientizado da sua participação na terapêutica desobsessiva, mas também os seus familiares precisam ser alertados quanto à sua própria participação no processo.

O problema do obsesso não é isolado, não é só dele. O seu grupo familiar tem vínculos profundos que os entrelaçam. Por isto, sempre que possível a família deve receber orientações que esclareçam quanto à sua conduta e participação do tratamento do obsidiado. Este, comumente, sofre restrições no círculo familiar, pois é raro que os parentes entendam e tenham ciência dos problemas que o afligem.

Grande número de obsidiados procede de famílias que não aceitam o Espiritismo e muito menos a ideia de que o mal seja provocado por Espíritos. Tal incompreensão é um problema a mais que o enfermo enfrenta e contra o qual também tem que lutar.

Entretanto, quando existe amor realmente, um ou outro familiar se dispõe a aceitar a situação, buscando compreender e até ajudar, demonstrando com essa atitude que ama sem preconceitos e imposições.

Tal aceitação favorece o paciente e, obviamente, a aplicação da terapêutica desobsessiva.

Ao contrário, se houver resistência por parte dos parentes e até rejeição, o caso complica-se e o obsidiado sofre duplamente. São provações amaríssimas que evidentemente fazem parte do seu carma, já que nada ocorre injustamente.

Compete-nos, porém, tudo fazer ao nosso alcance para amenizar os sofrimentos desses irmãos.

Infelizmente é muito comum que o círculo doméstico não compreenda o doente e o rejeite de forma definitiva, relegando-o a uma clínica ou a uma casa assistencial. Julgam desfazer, com esta atitude, todos os vínculos existentes entre eles. O que acontece, todavia, é que estarão assumindo graves responsabilidades pelas quais terão de responder mais tarde. Apenas adiam o problema, que retornará um dia com agravantes.

Também sobre esse aspecto, a Doutrina fortalece os laços de família, facultando a visão e o entendimento do pretérito e dos liames que unem os seres de um mesmo grupo consanguíneo, o que resulta em maior conscientização do papel da família e de sua importância no contexto social.

12

Culto do Evangelho no Lar

> "Dedica uma das sete noites da semana ao Culto Evangélico no Lar, a fim de que Jesus possa pernoitar em tua casa.
>
> [...] Quando o Lar se converte em santuário, o crime se recolhe ao museu.
>
> [...] Jesus no Lar é vida para o Lar."
>
> (*Messe de amor*, Joanna de Ângelis, psicografia de Divaldo Pereira Franco, cap. 59.)

A excelência da prática do Culto do Evangelho no Lar é sentida desde os primeiros momentos em que é inaugurada.

A reflexão da família em torno dos ensinos do Mestre, as ponderações e comentários, sob o ponto de vista de cada um, são elementos altamente terapêuticos favorecendo a psicosfera do lar.

A oração em conjunto amplia os horizontes mentais e eleva as almas na direção do Bem. O clima criado nos instantes do Culto do Evangelho favorece o entendimento e a fraternidade, pois cada um se coloca mais perto do outro e em posição mental receptiva ao amparo dos benfeitores invisíveis.

Nestes instantes de serena beleza, em que o círculo doméstico se volta para Jesus, os Mensageiros do Bem se acercam do Lar e os familiares já desencarnados, e que se preocupam em velar pelos que ficaram na crosta terrestre, se aproximam e esparzem sobre todos os eflúvios de paz, de harmonia, e as energias que fluem do Mais Alto retemperam as forças dando o bom ânimo imprescindível ao prosseguimento das lutas cotidianas.

O Culto do Evangelho contribui para ajudar-nos a vivenciar os ensinamentos com que o Espiritismo nos felicita a alma. Muitos atritos, muitas rixas familiares poderão ser evitadas com esta prática tão benéfica.

Os familiares do obsidiado (que aceitem a terapêutica espírita) devem ser orientados, tanto quanto ele mesmo – se tiver condições – para adoção desta medida.

Existem muitos Centros e Grupos espíritas que se dedicam à implantação do Culto do Evangelho no Lar. Este é um trabalho bastante proveitoso e que muito contribui para a pacificação das famílias.

Terceira Parte

Reunião de desobsessão

1

A desobsessão

"[...] A desobsessão vige, desse modo, por remédio moral específico, arejando os caminhos mentais em que nos cabe agir, imunizando-nos contra os perigos da alienação e estabelecendo vantagens ocultas em nós, para nós e em torno de nós, numa extensão que, por enquanto, não somos capazes de calcular. Através dela, desaparecem doenças-fantasmas, empeços obscuros, insucessos, além de obtermos com o seu apoio espiritual mais amplos horizontes ao entendimento da vida e recursos morais inapreciáveis para agir, diante do próximo, com desapego e compreensão."

(*Desobsessão*, André Luiz, psicografia de Francisco Cândido Xavier e Waldo Vieira, cap. 64.)

Desobsessão – Des / obsessão.

Des – Falta, ausência, negação.

Desobsessão – Ato de tirar a obsessão.

Desobsessão, em sentido amplo, é o processo de regeneração da humanidade. É o ser humano desvinculando-se do passado sombrio e vencendo a si mesmo. Em sentido restrito, é o tratamento das obsessões, orientado pela Doutrina Espírita.

Grandiosa e bela é a missão do Espiritismo ao ensinar ao mundo o abençoado mister da desobsessão.

A transformação moral que se anuncia e da qual já sentimos os efeitos, a transição dolorosa que vivemos só chegará a bom termo quando, atendendo ao imperativo da dor e da evolução, os seres humanos desanuviarem o seu céu interior, como em processo desobsessivo, conseguindo vencer vícios e defeitos que todos cultivamos com verdadeira obsessão e dos quais somos escravos.

Tais deficiências, por outro lado, são portas abertas aos irmãos menos felizes que nos espreitam, desejosos de fruírem a nossa companhia ou de colherem mais uma vítima nas malhas da escravidão mental e moral.

A nossa regeneração é, pois, a nossa desobsessão (autodesobsessão), que poderá ser levada a efeito por nós mesmos de maneira natural (vide cap. 3 da 4ª parte), isto é, aceitando Jesus de maneira plena – o que equivale dizer: evangelizando-se, ou ainda, nos casos de obsessão declarada, aliando-se a autodesobsessão aos recursos espíritas.

A desobsessão, agora analisada, refere-se ao tratamento nas reuniões especializadas. É a parte relativa ao ministério da desobsessão tal como nos orienta o Espiritismo.

2

A importância da reunião de desobsessão

"A evocação dos Espíritos vulgares tem, além disso, a vantagem de nos pôr em contacto com Espíritos sofredores, que podemos aliviar e cujo adiantamento podemos facilitar, por meio de bons conselhos. Todos, pois, nos podemos tornar úteis, ao mesmo tempo que nos instruímos. Há egoísmo naquele que somente a sua própria satisfação procura nas manifestações dos Espíritos, e dá prova de orgulho aquele que deixa de estender a mão em socorro dos desgraçados."

(*O livro dos médiuns*, Allan Kardec, item 281.)

Reunião de desobsessão: oásis de refazimento espiritual. Pronto-socorro de Espíritos sofredores. Hospital de amor para os doentes da alma.

O aposento destinado à reunião de desobsessão é, dentro do Templo Espírita, o local onde são medicadas, mais diretamente, as almas.

É a este ambiente apropriado, revestido de vibrações adequadas e que requer cuidados especiais da Espiritualidade Maior, que são trazidos os enfermos do espaço, para receberem o tratamento do amor. Nenhuma outra medicação existe, mais adequada e nem mais bem indicada. As chagas morais; as dores que estão insculpidas no âmago do ser; a tortura do ódio que abrasa aquele que o alimenta; o coração que renegou a Deus e que se apresenta enjaulado dentro de si mesmo; o suicida que se sente morrendo e vivendo em dores superlativas; o infeliz acorrentado às grilhetas do vício; todos, enfim, que representam o cortejo das agonias humanas, só alcançarão alívio e tratamento, resposta e orientação na medicação universal do AMOR!

Assim, deduz-se que a reunião de desobsessão só alcançará produtividade e êxito nos seus trabalhos quando toda a equipe encarnada aprender a cultivar este "medicamento" no seu próprio coração, para doá-lo aos que dele necessitam. A equipe espiritual que dirige a equipe terrena, por certo, aguarda essa cooperação alimentando esperanças quanto à nossa atuação.

Em razão das imperfeições que ainda carregamos, as nossas quotas de amor desinteressado e puro são, por ora, bastante diminutas. Por isto há que somá-las às dos companheiros de equipe e, essencialmente, serem reforçadas pelas dos mentores. Nesta ocasião, mergulhados nas bênçãos do Alto, que são bem mais abundantes do que em verdade merecemos, as nossas almas se renovam, tanto quanto os Espíritos que ali aportam – já que necessitados todos nós ainda o somos – refazem-se e reabastecem-se para as lutas da vida e se fortalecem ante a tarefa de reforma interior, fundamental em nossa própria libertação moral.

Somente quem já participou, com regularidade, de uma reunião de desobsessão é que poderá avaliar a extensão, a profundidade e a beleza de trabalhos dessa natureza. Aí, nenhuma reunião é igual à outra. Isto porque em cada uma delas vêm sucessivos Espíritos, cujas personalidades jamais são idênticas entre si. Logo, se as sessões tratam dos problemas e casos que eles apresentam, todas elas são diferentes. Tal o motivo pelo qual as reuniões produtivas, sérias, não apresentam repetições e nem podem ser tachadas de monótonas. Simplesmente porque elas não o são! Todas oferecem peculiaridades, as mais diversas situações e – por que não dizer? – interessantes. Reações inusitadas que ocorrem com os participantes e com os que se manifestam proporcionam permanente aprendizado.

Fique bem claro que não nos estamos referindo a excentricidades. Mas, a minúcias das personalidades dos comunicantes, situações e dramas que se desenrolaram ou que se desenrolam ainda. Tal diversidade apresenta-se, porém, num contexto organizado, controlado, que é o esquema dentro do qual se desenvolvem os trabalhos, obedecendo sempre à orientação apresentada por Kardec em *O livro dos médiuns*. As facetas e nuanças diferentes correm por conta dos Espíritos que se manifestam e do que narram ou demonstram de seus problemas. Cada caso é um caso, já se disse.

Nestes anos em que participamos de reuniões mediúnicas de desobsessão nunca as achamos monótonas ou repetitivas. Ao contrário, cada uma delas trouxe-nos lições e experiências que são constantemente renovadas. É evidente que são mais ou menos produtivas, dependendo das circunstâncias (principalmente no tocante aos encarnados). E algumas, muitas mesmo, são belíssimas, comoventes, trazendo-nos inesquecíveis momentos de espiritualidade sublime.

Para os encarnados tais reuniões são de extrema utilidade, pois ali não somente colhem ensinamentos, mas, sobretudo, exemplificações, lições vivas que nos marcam profundamente e nos acordam para nossas crescentes responsabilidades, ao mesmo tempo em que nos identificamos com os dramas descritos pelos comunicantes, sentindo que eles são nossos irmãos em humanidade e que suas dores são também nossas. A sensibilidade vai sendo apurada, tornamo-nos a cada dia mais sensíveis aos sofrimentos alheios e melhores, mais humanos, enquanto afloram ao nosso coração os mais belos sentimentos de solidariedade, caridade e amor. Refletindo-se em nossa vivência diária, tais atitudes serão extremamente benéficas, capacitando-nos a uma sintonia espiritual mais elevada.

Os trabalhos desobsessivos são visivelmente úteis aos participantes do plano físico e são também muito valiosos para os desencarnados. André Luiz relata que um número muito grande de criaturas, ao abandonar a veste carnal, mostram-se inconformadas com a nova situação que enfrentam e são tomadas de mórbida saudade do ambiente terrestre, ansiando a todo custo pelo contacto com as pessoas encarnadas, de cujo calor humano sentem falta. A sala onde se realizam os trabalhos mediúnicos representa para tais seres a possibilidade de entrarem em contacto com os que ainda estão na Terra e de receber destes as vibrações magnéticas de que carecem. "[...] Com semelhante contacto, experimentam o despertar de forças novas."[28]

Nunca será demais enfatizar-se a seriedade de que se deve revestir um labor dessa natureza. Motivo pelo qual ele não é um trabalho para principiantes, visto que exige dos participantes a exata noção da gravidade dos momentos que ali serão vividos e que estejam preparados, através de um longo período de adestra-

28 *Os mensageiros*, André Luiz, psicografia de Francisco Cândido Xavier, cap. 48, 12ª ed., FEB.

mento, a fim de corresponderem às expectativas do Alto da melhor maneira possível. Por isto é que **jamais devem ser abertos ao público.**

A sala reservada para tais atividades foi comparada por André Luiz a uma sala cirúrgica, que requer isolamento, respeito, silêncio e assepsia, onde só entram os que se prepararam antecipadamente. Como também é isolada de olhares indiscretos e curiosos. Assim acontece no abençoado ministério da desobsessão. Lembremo-nos sempre de que os que ali aportam, para receber atendimento, são seres humanos como nós, apenas desligados da máquina fisiológica, e que comparecem para falar de suas dores, problemas íntimos e pessoais. É, portanto, um trabalho da maior gravidade, onde um irmão vem expor as suas chagas morais, devendo todos os presentes estarem imbuídos de toda a seriedade e respeito e, fundamentalmente, predispostos a doar amor.

Reuniões de desobsessão: pronto-socorro espiritual; hospital de Espíritos! Um trabalho que só o Espiritismo pode oferecer à humanidade! Abençoadas sejam!

3

Oração e jejum

"Esta casta não pode sair senão por meio de oração e jejum." – *Jesus.*

(Marcos, 9:29.)

"Oração e jejum" são os cuidados básicos a serem observados pelos lidadores da desobsessão.

Que preparo maior que esse recomendado pelo divino Amigo?

Jejum das paixões, dos vícios, de tudo o que é sombra em nós e ao redor de nós.

Jejum e oração! quando houvermos conseguido atingir a plenitude desses ensinamentos, conosco ter-se-á reabilitado toda a humanidade!

•••

Quem se dedica ao trabalho desobsessivo já está conscientizado de que se deve preparar permanentemente para tal mister. Não que seja um privilegiado. Não que esteja em posição de superioridade. Não. Isto não existe em Doutrina Espírita nem deve existir em nosso Movimento Espírita. Mas, é fundamental que esteja cônscio de suas responsabilidades, já que esse labor requer especialização.

A preparação não exige um curso específico. Antes é um conjunto de requisitos (como aliás acontece com aquele que trabalha na evangelização infantil, com o orador espírita etc.), entre os quais citamos: integração no Centro Espírita onde se vincula, estudo metódico e progressivo da Doutrina, larga experiência em trabalhos mediúnicos e, sobretudo, como recomenda Kardec, inquebrantável esforço pela sua transformação moral. Que se empenhe em modificar-se, momento a momento, vencendo as suas más tendências e que tenha incorporado à sua vivência o lema: "Fora da caridade não há salvação". É alguém que se interessa e se preocupa com o próximo e sensibiliza-se com a sua dor, afeito a meditar, a refletir, a sentir os ensinamentos com que o Espiritismo nos ilumina a existência. É, enfim, alguém votado às coisas mais elevadas e que está conseguindo se desligar dos interesses imediatistas do mundo. Mas, para conseguir o seu intento, urge que se esforce por viver o Espiritismo, tal como preconiza Léon Denis, quando diz que: "Não basta crer e saber, é necessário viver a nossa crença, isto é, fazer penetrar na prática cotidiana da vida os princípios superiores que adotamos."

Sempre que isto começa a suceder conosco, isto é, quando principiamos a sentir que não basta apenas crer e saber que os Espíritos existem e que o Espiritismo é a Terceira Revelação, mas que o que realmente importa é vivenciar-lhe os ensinos, incorporá-los ao nosso modo de ser. Estaremos, assim, dando os passos decisivos pela ingente tarefa da autoevangelização. Entenderemos por que há necessidade de nos preparar convenientemente para o ministério da desobsessão. É que este preparativo não se faz apenas no dia da reunião, mas, sim, em regime de tempo integral. É um novo programa de vida. É abandonar hábitos perniciosos – abstenção dos vícios que nos enfeiam a alma, buscando a elevação de pensamentos, palavras e atitudes.

Quem realmente reconhece a necessidade do jejum das paixões sentirá que se processa no âmago do seu ser a incessante batalha entre a sombra e a luz, entre o passado difícil de ser erradicado e o presente que se traduz em esperanças por um futuro melhor.

Para ajudar ao homem nesta luta imprescindível, está entre nós o Consolador Prometido. Convencido das verdades que ele descortina para a humanidade, imbuído do desejo sincero e perseverante de superar a si próprio, o homem irá afastando-se dos hábitos antigos, com naturalidade, buscando assim novos ambientes onde se cultue a conversação sadia e edificante, onde se trabalhe pelo bem.

Para os tarefeiros da reunião de desobsessão é fundamental essa renovação. Quem se dispuser a essa tarefa de tão grande envergadura terá ensejos maravilhosos de comungar, com os benfeitores espirituais, de instantes de felicidade sublime, que nenhum prazer terreno poderá jamais oferecer. Sentirá a verdadeira alegria, a que nasce no espírito e que representa o alimento mais puro de que todos carecemos: o Bem, o Amor. E terá a Paz que Jesus prometeu àqueles que se disponham a segui-lo.

Aquele, pois, que se preparar, em caráter permanente, para estar apto aos labores desobsessivos, estará também capacitando-se a tornar-se um auxiliar dos benfeitores espirituais que o irão convocar, sempre que julgarem necessário, aos trabalhos que requeiram o concurso de pessoas de boa vontade e em condições apropriadas. Igualmente, através de desdobramento durante o sono físico, quando aprenderão lições novas e prestarão alguma ajuda que esteja ao seu alcance. Nestes instantes, o seareiro da desobsessão representará a ponte benfazeja entre os dois planos da vida, por onde verterá o auxílio do Mais Alto, para lenir as ulcerações íntimas que avassalam tantos seres humanos.

Os Espíritos amigos concitam-nos a que nos preparemos cotidianamente para os trabalhos. Para que permaneçamos vigilantes. A qualquer hora poderemos ser convocados ao labor santificante da caridade socorrista e devemos estar em condições de atender, prestos, ao chamamento. Em caso contrário, isto é, se não estivermos preparados, não tenhamos dúvidas, o prejuízo será todo nosso, pois o labor se processará sem o nosso concurso, indo os Bons Espíritos buscar, alhures, alguém mais vigilante e mais bem capacitado.

Preparação dos encarnados para as tarefas da caridade é, assim, o programa de vida do verdadeiro espírita.

É o jejum recomendado pelo Mestre, aliado à oração, que representa a sintonia imprescindível com o Alto. Oração que nos fortalecerá para resistirmos aos embates e às investidas das trevas.

Oração – sintonia com os planos superiores.

Jejum – abstenção e superação dos vícios.

Programação para todo espírita. Preparação permanente para aqueles que trabalham nas lides desobsessivas.

Programa de regeneração para todos os seres humanos, encarnados e desencarnados.

4

Equipe da desobsessão

"Uma reunião é um ser coletivo, cujas qualidades e propriedades são a resultante das de seus membros e formam como que um feixe. Ora, este feixe tanto mais força terá, quanto mais homogêneo for."

(*O livro dos médiuns*, Allan Kardec, item 331.)

O ministério da desobsessão só deve ser realizado em equipe. Tal recomendação, acreditamos, é bastante óbvia.

Uma pessoa, sem vínculo algum com uma instituição espírita e que não participe de trabalhos organizados, metódicos, sob a diretriz kardequiana, correrá sérios riscos se se dispuser a trabalhar por conta própria. Por maior que seja a proteção espiritual que mereça, por melhor boa vontade que demonstre, não estará, é evidente, suficientemente embasada, estruturada para enfrentar aquelas outras equipes: as dos obsessores, que as formam também no intuito de se fortalecer e que usam de mil artifícios e sutilezas para desanimar, enganar e afugentar os que vêm em socorro às suas vítimas – quando não lançam mão de outras providências mais graves e danosas.

Como o nosso ascendente moral sobre eles ainda é bastante hesitante e como nossas matrizes de culpa do passado estão em nós como verdadeiros "plugs", tal como nos esclarece Manoel Philomeno de Miranda, tornamo-nos presas fáceis desses infelizes irmãos atormentadores e atormentados.

Portanto, somente equipes especializadas é que devem entregar-se a esse ministério.[29]

Ao nos ligarmos a um trabalho dessa ordem, isto não acontece por obra do acaso e sim expressa um compromisso que assumimos no plano espiritual e que representa para nós, se desempenhado com toda abnegação, perseverança e amor, o ressarcimento de dívidas pesadas e, simultaneamente, a sementeira de bênçãos que prepararemos para o amanhã que não tarda.

Como se pode depreender, o bom êxito dos trabalhos de desobsessão depende muito da equipe de encarnados, que precisa estar ciente de suas responsabilidades.

Kardec relaciona alguns requisitos para as reuniões destinadas à assistência dos bons espíritos e que valem, igualmente, para as sessões de desobsessão. Resumindo-os são:

– perfeita comunhão de vistas e sentimentos;

– cordialidade recíproca entre os membros;

29 A outorga das responsabilidades inerentes a uma equipe de desobsessão, não é feita de uma só vez, repentinamente. Ela é concedida aos poucos, à medida que a equipe de encarnados faz jus, quando então o Alto encaminha tarefas cada vez mais sérias e complexas.

– ausência de todo sentimento contrário à verdadeira caridade cristã;

– um único desejo: o de se instruírem e melhorarem;

– exclusão de toda curiosidade;

– recolhimento e silêncio respeitosos, durante as confabulações com os Espíritos;

– união de pensamentos;

– que os médiuns trabalhem com isenção de todo o sentimento de orgulho, amor-próprio e supremacia e sim com o desejo de serem úteis.[30]

A estas condições aduzimos, com Manoel Philomeno de Miranda:

– conduta moral sadia – imprescindível a que as emanações psíquicas equilibradas, elevadas, "possam constituir plasma de sustentação daqueles que, em intercâmbio, necessitam dos valiosos recursos de vitalização para o êxito do tentame";

– conhecimento doutrinário;

– equilíbrio interior dos médiuns e doutrinadores;

– confiança, disposição física e moral;

– médiuns adestrados, disciplinados;

– pontualidade e perseverança.[31]

30 *O livro dos médiuns*, Allan Kardec, item 341.

31 *Grilhões partidos*, Manoel Philomeno de Miranda, psicografia de Divaldo Pereira Franco, "Prolusão", 1ª ed., Livraria Espírita "Alvorada" – Editora.

...

A equipe de encarnados tem assim suas funções específicas e de grande responsabilidade, mas, ela se submete, a seu turno, àquela outra equipe – a espiritual – que é em verdade a que dirige e orienta os trabalhos em todo o seu desenrolar.

Esta equip, formada por grande número de trabalhadores, submeter-se à direção de um mentor ou instrutor espiritual, o qual responde por todas as atividades programadas pelos dois grupos: o de encarnados e o de desencarnados, sendo que o programa estabelecido pela equipe do plano físico depende, para sua execução, da aquiescência e permissão do mentor espiritual.

A responsabilidade básica pelos trabalhos mediúnicos é do plano espiritual e por isto o verdadeiro esquema a ser seguido aí se delineia. Mas, os lidadores da Espiritualidade respeitam, e muito, os desejos e planificações expressos pelos irmãos da Terra[32], deixando ao seu encargo uma série de providências às quais adaptam, por sua vez, a planificação espiritual. Tudo fazem e facilitam para que os trabalhadores da esfera física ajam por si mesmos, onde lhes for possível, advindo dessas iniciativas lições, experiências e ensejos renovados de praticar a caridade.

Quando o grupo de encarnados é harmônico, isto é, quando já está afeiçoado aos trabalhos da mediunidade socorrista e coloca-se como dócil instrumento a serviço dos Amigos Espirituais, a reunião cresce em produtividade, porque então as duas equipes trabalharão em consonância e a programação será executada de comum acordo, sabendo o plano espiritual que os companheiros encarnados irão corresponder às expectativas e que se

32 A maioria desses desejos e planificações, aliás, inspirados pelos Espíritos-guias das reuniões.

afinizarão de pronto com o labor previamente estipulado. Assim, as comunicações programadas, as entidades que irão comparecer à reunião com o fim de serem beneficiadas com os fluidos fornecidos pelos encarnados, os casos que serão atendidos, tudo isto, preparado e executado em perfeita consonância de objetivos, redundará no bom êxito dos trabalhos.

Sabemos, porém, que é muito difícil que tal ocorra de modo tão coeso. Em geral, os benfeitores recebem de nós – os encarnados – um desempenho bem diferente, já que poucos conseguem atender aos requisitos que eles aguardam. Dão-nos eles, então, demonstrações de elevada compreensão, tolerando nossos desvios e abusos, omissões e indisciplinas.

E como nos desviamos da conduta adequada! Aqui, o médium invigilante que se deixou contagiar pela irritação desmedida; ali, o participante descuidado que se entregou à maledicência; outro esqueceu-se de preparar-se convenientemente, abusando na alimentação; alguns se apresentam queixosos, insatisfeitos, lastimando-se da vida ou mantendo rixas familiares. Apresentam-se, pois, na equipe, vários irmãos em condições inadequadas, exigindo dos abnegados lidadores invisíveis providências de emergência para colocá-los em situação menos constrangedora.

Tais ocorrências já são, entretanto, esperadas e, tal como acontece no pronto-socorro terreno, há recursos imprescindíveis para socorrer **também** os encarnados invigilantes.

Acrescem a isto tudo as companhias espirituais que estes levam consigo, visto que sintonizaram em faixas de frequência inferior.

Tal o motivo pelo qual, ao chegar à reunião, já encontramos todo o recinto antecipadamente preparado pelos Obreiros da Espiritualidade e defendido por faixas fluídicas que isolam, impedem, neutralizam ou anulam a interferência de vibrações desequilibradas extraprograma. Vigiada a sua entrada por Espíritos especialistas neste setor, só entrarão no ambiente as entidades espirituais que tenham permissão.

Embora a sala destinada à sessão seja de determinado tamanho – relativo ao seu espaço físico – no plano espiritual ela se apresenta imensurável, ou seja, não existem limites e ela se expande o quanto for necessário, permitindo assim a presença de um número muito grande de desencarnados, inclusive, apresentando-se aos médiuns videntes com mobiliário e instrumentos próprios.

Quando o grupo da esfera terrestre apresenta-se suficientemente sintonizado com os sagrados objetivos que ali serão desenvolvidos; quando os encarnados estão conscientizados de suas responsabilidades e se esforçam, se empenham e se dedicam ao máximo para corresponderem às expectativas do Alto, então aí, sim, os dois grupos, vibrando num único diapasão de amor, conseguirão operar e produzir muito, alcançando em nome de Jesus abençoados frutos.

Terão possibilidades cada vez maiores de suavizar os corações embrutecidos, de falar às consciências que se cristalizaram no erro, de minorar os sofrimentos, de enxugar lágrimas pungentes, de abrir as janelas da esperança para os desesperados e, acima de tudo, falarão às almas aflitas e conturbadas, de Jesus, o Mestre Amado, fazendo-as relembrarem-se de seus ensinamentos.

É a oportunidade bendita de reacender a chama da fé nestes corações tão amargurados, que unicamente ouvirão e sentirão a voz do Amor.

5

O dirigente

"Demais, o ascendente que o homem pode exercer sobre os Espíritos está na razão da sua superioridade moral."

(*O livro dos médiuns*, Allan Kardec, item 254, 5ª questão.)

O dirigente da reunião é aquele que preside os trabalhos, encaminhando todo o seu desenrolar. É o responsável, no plano terrestre, pela reunião.

A figura daquele que dirige é de muita importância para todo o grupo. Deve ser uma pessoa que conheça profundamente a Doutrina Espírita e, mais que isto, que viva os seus postulados, obtendo assim a autoridade moral imprescindível aos labores dessa ordem. Esta autoridade é fator primacial, pois uma reunião dirigida por quem não a possui será, evidentemente, ambiente propício aos Espíritos perturbadores. Diz-nos Kardec que a verdadeira superioridade é a moral e é esta que os Espíritos realmente respeitam. É ela que irá infundir nos integrantes da equipe a certeza de uma direção segura e equilibrada.

O dirigente precisa ser, pois, alguém em quem o grupo confie, uma pessoa que represente para os encarnados a diretriz espiritual, aquela que na realidade sustenta e orienta tudo o que ocorre. Ele é o representante da direção existente na Espiritualidade, o pólo catalisador da confiança e da boa vontade de todos.

Ao dirigente cabe ainda a tarefa de conscientizar a equipe quanto à necessidade do seu entrosamento com o Centro Espírita onde trabalha, para que o grupo não fique apartado das atividades da Casa. É de bom alvitre que a equipe seja integrada ao Centro onde funciona. Os grupos mediúnicos que funcionam completamente isolados da instituição em que se localizam, acabam por tornar-se departamentos estanques ou outros Centros, com diretrizes e métodos diferentes, o que gera problemas e desentendimentos. Por isto, compete ao dirigente zelar por que as normas da instituição, onde se localizam, sejam respeitadas, possibilitando maior entrosamento entre todos.

O dirigente deve preparar um companheiro para auxiliá-lo e substituí-lo em seus impedimentos.

Algumas das qualidades indispensáveis ao dirigente: autoridade fundamentada no exemplo; conhecimento do Espiritismo; fé; facilidade de se expressar; amor à tarefa e ao próximo; hábito de estudo e oração; delicadeza, calma, firmeza; precisão.

6

O doutrinador

"Diante deles, os desencarnados que sofrem, embora alguns não se deem conta, coloca-te na posição de quem usa a terapêutica espiritual do amor em si mesmo. [...] Por isso, unge-te de compreensão e fala-lhes com a ternura de irmão e o respeito de amigo."

(*Leis morais da vida*, Joanna de Ângelis, psicografia de Divaldo Pereira Franco, cap. 60.)

Esclarecer, em reunião de desobsessão, é clarear o raciocínio; é levar uma entidade desencarnada, através de uma série de reflexões, a entender determinado problema que ela traz consigo e que não consegue resolver; ou fazê-la compreender que as suas atitudes representam um problema para terceiros, com agravantes para ela mesma. É levá-la a modificar conceitos errôneos, distorcidos e cristalizados, por meio de uma lógica clara, concisa, com base na Doutrina Espírita e, sobretudo, permeada de amor.

Essa é uma das mais belas tarefas na reunião de desobsessão e que requer muita prudência, discernimento e diplomacia. Que requer, principalmente, o ascendente moral daquele que fala sobre aquele que ouve, que está sendo atendido. Esse ascendente moral faz com que as explicações dadas levem o cunho da serenidade, da energia equilibrada e da veracidade.

As palavras são como setas arremessadas, que poderão ser danosas ou benéficas, dependendo do sentimento de quem as projeta. As primeiras ferem, causam distúrbios, destroem e podem acordar sentimentos de revide, com igual teor vibratório. As segundas, vibrando na luz do amor, penetram na alma como bênçãos gratificantes, produzindo reflexos de claridade que se identificarão com o emissor.

No instante do esclarecimento, quando a entidade se comunica, ela está de alguma forma expectante, aguardando alguma coisa, para ela, imprevisível. Também os presentes à reunião se colocam em posição especial, porém, de doação, de desejo de atender à expectativa do irmão necessitado. E qualquer que seja a maneira sob a qual ele se apresente, todos os pensamentos e todas as vibrações devem estar unidos, homogêneos, dirigidos no intuito de beneficiá-lo. Nesta hora, o doutrinador será o pólo centralizador desse conjunto de emoções positivas, estabelecendo-se uma corrente magnética que envolve o comunicante e que ajuda, concomitantemente, ao que esclarece. Este, recebendo ainda o influxo amoroso do mentor da reunião, terá condições de dirigir a conversação para o rumo mais acertado e que atinja o cerne da problemática que o Espírito apresenta.

O esclarecimento não se faz mostrando erudição, conhecimentos filosóficos ou doutrinários. Também não há necessidade de dar uma aula sobre o que é o Espiritismo, nem de mostrar o quanto os espíritas trabalham. Como não é o instante para criticar, censurar, acusar ou julgar[33]. Esclarecer não é fazer sermão. Não surtirão bons resultados palavras revestidas de grande beleza, mas vazias, ocas, frias. Não atenderão às angústias e aflições daquele que sofre e muito menos abrandarão os revoltados e vingativos.

Em quaisquer dos casos, é preciso compreendamos que é quase impossível a uma pessoa mudar de procedimento, sem que seja levada a conhecer as causas que deram origem aos seus problemas. Razão por que, em grande número de comunicações, o doutrinador, sentindo que há esta necessidade, deve aplicar as técnicas de regressão de memória no comunicante. Esta técnica consiste em levá-lo a recordar-se de fatos do seu passado, de sua última ou anterior reencarnação, despertando lembranças que jazem adormecidas. Nessas ocasiões, os Trabalhadores da Espiritualidade agem, seja acordando as reminiscências nos painéis da mente, seja formando quadros fluídicos com as cenas que evidenciem a sua própria responsabilidade perante os fatos em que se proclamava inocente e vítima.

De outras vezes, a lógica e clareza dos argumentos, aliadas à compreensão e ao amor, são o suficiente para convencer as entidades.

Para sentir aquilo que diz, é essencial ao doutrinador uma vivência que se enquadre nos princípios que procura transmitir. Assim, a sua vida diária deve ser pautada, o mais possível, dentro dos ensinamentos evangélicos e doutrinários. Inclusive,

33 Alguns comunicantes pensam encontrar-se em um julgamento e temem os participantes da reunião. Cumpre evidenciar ao comunicante que ele não está sendo julgado. Para tanto se faz mister que as nossas atitudes sejam sempre a do irmão que procura socorrer e esclarecer, porque sabe e sente em si mesmo as necessidades daquele que sofre.

porque, os desencarnados que estão sendo atendidos, não raro, acompanham-lhe os passos[34] para verificar o seu comportamento e se há veracidade em tudo o que fala e aconselha. Eis o motivo pelo qual Joanna de Ângelis recomenda: "[...] quem se faz instrutor deve valorizar o ensino, aplicando-o em si próprio."[35]

Outro cuidado que o doutrinador deve ter durante o diálogo é o de **dosar a verdade**, para não prejudicar o Espírito que veio em busca de socorro e lenitivo, esclarecimentos, enfim, que lhe deem paz. A franqueza, em certos casos, pode ser destrutiva. A verdade pode ferir àquele que não está em condições de recebê-la. É o caso, por exemplo, de uma entidade que desconhece que deixou a Terra e apresenta total despreparo para a morte. Este esclarecimento só deve ser transmitido depois de uma conversação que a prepare psicologicamente para a realidade. A medida justa para isto é colocar-se o doutrinador na posição do comunicante, vivendo o seu drama e imaginando o que seria o seu sofrimento.

Os doutrinadores devem ser no mínimo dois e se revezarão no atendimento aos desencarnados.

Há um outro ponto a se considerar a respeito dos que estão na tarefa de esclarecimento, nas sessões de desobsessão: é que estes não devem ser médiuns de incorporação, pois não teriam condições de acumular as duas funções, além de sofrerem de modo direto as influências dos obsessores, o que obviamente prejudicaria a tarefa de esclarecimento.

34 Não somente a ele, mas, também, aos demais integrantes da equipe. Entretanto, pela característica do trabalho que desenvolvem na reunião são muito visados.

35 *Leis morais da vida*, Joanna de Ângelis, psicografia de Divaldo Pereira Franco, cap. 60, 2ª ed., Livraria Espírita "Alvorada" – Editora.

Dois tipos de esclarecimento

Certa noite, em nossa reunião, comunicou-se uma entidade que se apresentou chorando e muito desesperada. Havia desencarnado há algum tempo e estava ciente desse fato. Encontrava-se, porém, terrivelmente revoltada, pois tinha deixado quatro filhos bem pequenos, necessitando ainda de seus cuidados maternos.

Revelou que não se conformava com o acontecido, principalmente porque, indo ao lar, encontrara outra mulher no lugar que lhe pertencia. E dizia que isto ela não perdoava ao marido. Julgava-se traída, por crer-se a única que poderia ocupar o coração de seu esposo e o afeto de seus filhos queridos.

O doutrinador, bastante identificado com o problema, a ponto de sentir-se comovido, tal era a angústia daquela mãe desencarnada, manteve, em síntese, o seguinte diálogo:

– "Minha irmã, nós compreendemos o seu drama e sabemos o que representa para uma mãe a separação dos filhos. Mas, minha amiga, neste momento, que representa oportunidade bendita, concedida por Deus, nosso Pai, que é todo Bondade e Misericórdia, queremos meditar com você sobre sua situação.

"Recorda-se, quando na Terra, nas tarefas de mãe e esposa dedicada, como seus encargos eram múltiplos e exaustivos, a ponto de muitas vezes não dar contas deles? Lembra, minha irmã, que era necessário procurar o auxílio de algum parente mais prestimoso ou de alguma amiga para dividir um pouco os seus labores?"

Nessa altura, a comunicante se calara e não mais chorava, acompanhando atentamente as palavras e já começando a concordar com essa colocação do problema. Continuando, o doutrinador disse:

– "Pois é, minha irmã, quem de nós poderá dizer que não necessita de alguém que o ajude, principalmente nos momentos difíceis? Vamos agora procurar compreender a atitude tomada por seu marido, que, junto com a dor de perdê-la, se viu, de súbito, colocado no duplo papel de pai e mãe das crianças, que se encontram ainda em fase de assistência permanente, como você mesma disse, e tendo além disso de continuar com o seu trabalho profissional, que é a fonte de renda necessária ao sustento do lar. Imaginemos a sua situação aflitiva. A melhor solução foi a presença dessa criatura que quis ajudá-lo por amor (e você mais tarde vai compreender que não foi por acaso que tal aconteceu), e assim está ajudando a conservar seus filhos juntos e ao lado do pai, que de outra maneira se veria, talvez, forçado a entregá-los a estranhos e separá-los, para serem criados.

"Quanto à preocupação de ser esquecida pelos seus, não há motivo para tal, pois a mãe que honrou e dignificou o lar, as suas funções e deveres maternais, nunca será olvidada. Quem sabe se você não terá ensejos de encontrar-se com eles durante as horas de sono? Mas, para isto, deve equilibrar-se e começar uma nova vida. A seu lado estão pessoas amigas que a trouxeram aqui e que desejam ajudá-la. Elas a encaminharão também ao encontro de familiares que a estimam e que estão desejosos de vê-la equilibrada e disposta a uma vida nova."

A conversa se prolongou por mais alguns minutos, findos os quais o doutrinador informou à entidade que aquele grupo ali reunido orava em seu benefício e que ela também procurasse orar, lembrando-se principalmente de Maria, a Mãe das mães, que, perdendo o Filho amado, o excelso Filho de Deus, mesmo assim consolava e atendia aos sofredores que a cercavam em sua passagem pela Terra, e que depois, na glória espiritual, prosseguia amparando a todos.

Após a prece proferida pelo doutrinador, a irmã desencarnada, recebendo as vibrações superiores e o carinho de todo o grupo, reconfortou-se bastante, retirando-se muito mais calma e disposta a encetar uma nova vida.

...

Manifestou-se um Espírito, certa feita, na reunião de desobsessão, que se dizia muito enraivecido com o grupo, alegando que este lhe havia prejudicado os planos, e por este motivo queria vingar-se de todos. Dizia claramente que estava no final de sua vingança, quase conseguindo os intentos que visavam a arrasar com certa pessoa. Gabou-se de que já derrotada, exaurida, até mesmo acamada, a vítima fora até abandonada pelos familiares. E que não iria admitir intromissão de ninguém em seus propósitos.

O doutrinador, conhecendo o caso a que ele se referia, após ouvi-lo atentamente, tomou a palavra e, em síntese, disse o seguinte:

– "Meu irmão, você está enganado quando julga que o nosso irmão a que se refere está derrotado. Realmente, está abatido fisicamente, pois as lutas têm sido enormes, mas você não ignora que espiritualmente ele está de pé. Espiritualmente está vencendo, e se conserva cheio de esperança e confiante em Deus. Sobretudo, meu irmão, ele está perdoando a todos os que o estão fazendo sofrer, já que é espírita e vive a fé que esposa.

– "Entretanto, se observar melhor, meu irmão, verá que no fundo quem se está consumindo é você, que está cego pelo ódio, pelo desejo de vingança e que, assim, não pode perceber a sua real situação. Você, meu irmão, está nesta luta há tanto tempo e por isto não percebeu ainda a solidão em que se encontra, distanciado de todos os seus afetos mais caros, e jaz agora, cansado e enfermo, completamente só."

As palavras do doutrinador foram interrompidas várias vezes pelos protestos do comunicante, mas ele retomava a conversação e, com entonação de voz muito carinhosa e firme, completou:

– "Por isto, meu irmão, nós o estamos convidando agora, em nome de Jesus, a mudar de vida. Não pelo bem dele ou nosso, mas pelo seu próprio bem. Você está tão cheio de ódio que se esqueceu de amar a si próprio, de trabalhar pela sua própria felicidade.

– "Veja bem a sua situação! Olhe para você agora! Onde a sua força? Onde os seus companheiros?"

Neste ponto, o Espírito, que já se calara há alguns instantes, deu mostras de sofrimento, gemendo baixinho. Começou a dizer que não estava acabado. Que o grupo o estava enfeitiçando e que não era possível que estivesse tão andrajoso e feridento.

O doutrinador, retomando a palavra, prosseguiu:

– "Meu irmão, aproveite o ensejo que Jesus lhe concede de reencontrar-se. De começar a viver. Pense em você, reflita sobre a sua solidão e a sua constante inquietude e verá que o melhor é começar vida nova. Jesus nos espera a todos. Se lhe falamos assim é porque conhecemos os seus problemas, que são também os nossos. Sabemos, por experiência própria, que nesta nova vida que Jesus propicia àqueles que se arrependem é que está o caminho para a felicidade. Ninguém é feliz sobre as desgraças alheias. Se você não é capaz de perdoá-lo, seja capaz, pelo menos, de amar a si mesmo, de desejar o seu próprio bem."

Havia tanta sinceridade nestas palavras, que o comunicante declarou-se confuso. Afirmou, então, estar realmente cansado, desejando uma vida nova onde pudesse ser feliz.

Depois de mais alguns esclarecimentos, a entidade retirou-se.

7

A ação dos médiuns

"Ajuda, pois, aqueles que no além-túmulo sofrem e te advertem com a aflição deles.

Talvez não sejas um grande médium, conhecido e disputado pela louvação dos homens; no entanto, procura constituir-te obreiro do amor, que não é ignorado pelos infelizes, podendo ser identificado pelos sofredores da Erraticidade."

(*Dimensões da verdade*, Joanna de Ângelis, psicografia de Divaldo Pereira Franco, p. 102.)

O médium, desde os instantes iniciais de sua trajetória na seara mediúnica espírita, aprende que a prática dessa faculdade exigirá dele – se quiser produzir algo proveitoso em benefício dos que sofrem e, concomitantemente, conseguir o desenvolvimento de sua aptidão – esforço e dedicação, estudo metódico e constante do Espiritismo, perseverança e disciplina e muita vontade de se renovar, de se transformar, para o que deverá também aliar o trabalho da caridade aos requisitos mencionados.

Somando esforços e experiências, empenhando-se profunda e sinceramente neste mister, cônscio de sua responsabilidade, irá aos poucos conseguindo educar e desenvolver a sua faculdade. No trabalho incessante, adquirirá a imprescindível prática, que muito o ajudará no bom desempenho das tarefas a que for chamado a desincumbir.

Não se descurando do estudo, cuidando por melhorar o seu íntimo – autoevangelizando-se –, adquirirá a confiança dos instrutores espirituais, que o requisitarão, cada vez mais, para trabalhos na seara do Mestre.

E, como os médiuns devotados ao labor da caridade, e que operam em nome de Jesus, são por ora em pequeno número, é natural que aqueles que se sobressaiam na dedicação e no amor fraternal, a serviço dos semelhantes, sejam convocados ao sublime dever de secundar os esforços dos benfeitores do mundo maior.

Dentre todos os trabalhos que o campo bendito da mediunidade oferece, um dos mais importantes é o ministério da desobsessão. Isto porque ele engloba, praticamente, todas as atividades da caridade e do amor ao próximo que podemos auferir das faculdades medianímicas, pois os médiuns que integram uma equipe de desobsessão terão oportunidade de exercer vários tipos de atendimento, nos quais servirão como instrumentos do Alto.

Quando uma equipe se apresta a atender um caso de obsessão, numerosas providências serão tomadas e os medianeiros atuarão em vários campos: no trabalho de passes no obsidiado; na tarefa de esclarecimento a este; no exercício da psicofonia (ou em outros tipos de mediunidade) durante as reuniões; nos instantes dos trabalhos mediúnicos, fornecendo fluidos, utilizados pelos trabalhadores espirituais na sustentação do ambiente da reunião, permitirão a criação de painéis fluídicos necessários ao esclarecimento dos comunicantes e, ainda, transfusão de energias vitais, ao contacto das quais o desencarnado venha a se fortalecer e aliviar as suas dores e aflições. E mais: serão testados na boa vontade, paciência e perseverança no trato tanto do obsidiado como dos obsessores; serão mesmo vigiados por estes últimos que lhes espreitam os passos, pondo-lhes à prova a resistência e a fé. Estarão, enfim, cooperando para o labor sagrado da cura das almas – finalidade maior da Doutrina Espírita.

Todas essas atividades são expressões do mais acendrado amor ao semelhante, pois, se não estiverem elas permeadas desse sentimento, a produtividade e o êxito serão nulos, no que se refere aos encarnados.

A equipe deve formar um todo harmônico, visto que a mesma quota de doação será requisitada pelos mentores aos doutrinadores, ao dirigente, a todos os integrantes.

A atuação propriamente dita dos médiuns, durante uma sessão mediúnica de desobsessão, é de vital importância para o bom andamento dos trabalhos. Eles são os instrumentos de que o mundo maior se utilizará para o pronto atendimento aos Espíritos sofredores e obsessores.

Emmanuel afirma: "Ser médium é ser ajudante do mundo espiritual."[36] E para que essa ajuda seja efetiva, é fundamental que o médium esteja preparado, como já vimos, através de um adestramento feito com fé, disciplina, estudo e amor. Para integrar um grupo de desobsessão, é preciso que o médium já se encontre equilibrado e afeito aos trabalhos mediúnicos.

36 *Seara dos médiuns*, Emmanuel, psicografia de Francisco Cândido Xavier, "Ser médium", 3ª ed., FEB.

A incorporação de um obsessor ou de um suicida, por exemplo, é bastante penosa para o medianeiro. As vibrações desses Espíritos, a atmosfera psíquica em que vivem repercutem profundamente no médium. Este passa a se identificar com os sofrimentos ou perturbações que apresentem, como também sentirá os reflexos das angústias e dos sentimentos de que são portadores.

O ambiente psíquico de tais entidades causa grave mal-estar, e muitos médiuns conseguem captar o panorama mental que estejam emitindo. E estes quadros mentais são tão deploráveis e deprimentes, que o medianeiro deve estar bem equilibrado para não se deter ou se impressionar com as tristes cenas que lhe são projetadas e nas quais o desencarnado se fixa por serem aquelas que o levaram à queda ou à desencarnação.

Em nossas modestas tarefas como médium, nas reuniões de desobsessão do Centro Espírita Ivon Costa, nas comunicações de entidades sofredoras ou obsessoras por nós recebidas, ao nos ligarmos ao comunicante, ficamos cientes dos seus dramas, dos seus pensamentos emitidos naquele instante do intercâmbio, assim como do modo como desencarnou e de todo o ambiente psíquico que o envolve. Vemos cenas inteiras a se desenrolarem. Muitas dessas cenas apagaram-se, com o tempo, da nossa memória, enquanto que outras parecem ficar gravadas, talvez como lições que precisamos trazer bem vivas dentro de nós.

Dentre as comunicações em que vimos clichês mentais exteriorizados pelo comunicante, citaremos três, as quais estão bem vivas em nossa lembrança.

1º CASO

Uma das características das reuniões de desobsessão que frequentamos é que em determinadas noites, sem aviso prévio aos encarnados, e dando como que uma pausa às comunicações dos obsessores, os mentores espirituais trazem um grupo de

Espíritos que desencarnaram de maneira semelhante ou que tiveram um padrão de vida mais ou menos análogo. Assim, às vezes, vêm aqueles que desencarnaram assassinados, ou os que se desprenderam pelo suicídio, ou os que foram alcoólatras, toxicômanos etc. Ou ainda os que partiram em acidentes violentos. Nessas noites, em que as aflições dos Espíritos se mostram de forma inenarrável, a reunião assemelha-se a um pronto-socorro espiritual, com toda a equipe – tanto do plano físico quanto do espiritual – amparando, medicando e aliviando os que estão passando por grandes sofrimentos. Os médiuns recebem esses irmãos com todo amor, exprimindo para o grupo as dores sem conta que padecem. Muitos deles passam gradativamente do estado aflitivo ao da prostração e do sono benfazejo, sendo levados para locais de tratamento na Espiritualidade, onde despertarão em melhores condições.

Foi, pois, numa dessas noites, em que as manifestações eram todas de entidades vítimas de assaltos, que recebemos, psicofonicamente, uma senhora que residira num subúrbio do Rio de Janeiro. Através das cenas mentalizadas por ela, ficamos cientes da sua desencarnação, quando visualizamos todas as ocorrências. Estando sozinha em casa – já que o esposo não estava –, pressentiu que em seu quarto havia entrado um homem com intuito de assaltá-la. Era tarde da noite, e ela, deitada na cama, despertara, surpreendendo o ladrão. Tomada de pavor quis gritar, reagir e mesmo fugir, mas foi por ele apunhalada. O horror experimentado pela comunicante nos invadiu também e vimos toda a cena do brutal assassínio, bem como os detalhes do quarto envolto em penumbra.

Essa senhora foi acalmada pelo doutrinador, através do passe e de palavras reconfortantes, que a levaram a um estado de sonolência, com a finalidade de desligá-la do clichê mental que revivia continuamente e do estado de pavor e revolta em que se debatia.

2º CASO

Comunicou-se uma entidade desencarnada por afogamento, num desastre com uma **kombi**. Esta caiu no rio, repleta de passageiros, inclusive crianças. Ninguém se salvou. Esse desastre ocorreu há alguns anos. A comunicação deu-se um mês e pouco depois do fato.

O Espírito revivia mentalmente a cena, debatendo-se em incalculável aflição, e esta foi também vislumbrada por nós, emocionando-nos a impressionante visão dos passageiros em luta com a morte. Foi um quadro muito triste e que até hoje não se apagou da nossa mente – lembramo-nos com nitidez da ocorrência tão lamentável. Foi socorrido e aliviado, sendo amparado pelos mentores.

3º CASO

Ligou-se a nós um Espírito que desencarnou pelo suicídio. Apresentava-se como uma moça bastante nova, e o quadro da sua desencarnação era repetido continuadamente.

Foi num quartinho pobre que se enforcara, num ato de supremo desespero. A cena desenrolava-se desde o momento em que ela subia a escada do prédio velho e sujo, até quando entrava no quarto e consumava o gesto extremo.

Estava no auge de suas agonias e do cansaço. Medicada, aliviada, passou ao estado do sono anestesiante, quando foi levada pelos amigos da espiritualidade.

...

Sopesando as razões aqui expostas, não é difícil entender-se o quanto é indispensável que a atuação dos médiuns seja a mais segura e equilibrada possível. De tal modo que, ao término dos trabalhos, já estejam refeitos, plenamente desvinculados dos clichês mentais exteriorizados pelos comunicantes, bem como dos fluidos negativos. O normal é que estejam revigorados pela assistência dos benfeitores espirituais, deixando o recinto da reunião com o coração leve e feliz pelo dever cumprido. Outrossim, o médium que, ao final da sessão, prosseguir sentindo-se mal, mesmo após ter-lhe sido ministrados passes antes do encerramento, evidencia que não apresenta ainda condições ideais para o ministério da desobsessão.

Já presenciamos casos em que, após o fim dos trabalhos, o médium se apresentava desequilibrado, dizendo-se envolvido por entidade que desejava comunicar-se, a tal ponto que foi preciso socorrê-lo com novos passes e até doutrinação dele mesmo.

Também já ouvimos de pessoas que participam de trabalhos mediúnicos a afirmativa de que saem das sessões com dor de cabeça e piores de que quando entraram. Em tais situações deduz-se, de duas uma: ou o problema é com o médium que ainda não se educou e equilibrou, ou a reunião não está sendo conduzida com todos os requisitos fundamentais para trabalhos desse teor, apresentando falhas que se refletem nos participantes.

Existe também uma corrente de opinião que merece mencionada. Muitos defendem o ponto de vista de que é imprescindível a presença de um médium vidente nos trabalhos desobsessivos. Em realidade, a presença deste não é fundamental. Caso, porém, exista este elemento no grupo, deve ele ser disciplinado e controlado, pois não é de bom alvitre que fique narrando a todo instante o que está vendo. Esse método pode sugestionar ou induzir os outros médiuns, além de ser uma "quebra" na concentração, por despertar o interesse e curiosidade.

Há outras formas de percepção, talvez mais seguras que a própria vidência. Referimo-nos, principalmente, à possibilidade que tem o médium de distinguir pelas vibrações, pela sintonia, o tipo de entidade que se comunica e, assim, captar o seu pensamento.

A atuação dos médiuns videntes, é, aliás, um item muito interessante que mereceria um estudo à parte. De passagem, diremos apenas que esta faculdade exige muita humildade, discernimento e prudência por parte do médium. Qualidades estas que o ajudarão a discernir o que está vendo sem se envaidecer, sem se exaltar, sem exagerar, bem como a ter um critério muito ponderado e moderado sobre o que deve e o que não deve dizer ao grupo. Quando se trata de visão de Espíritos perseguidores, obsessores, o bom senso tem de funcionar para que não venha a dizer, por exemplo, a um obsidiado o quanto é temível e de aspecto apavorante o seu obsessor. Se se trata, por outro lado, de quadros de grande beleza, convém funcionar a humildade e a prudência; pois na maioria das vezes o médium deve calar-se sobre as suas mais belas visões.

•••

Quando o médium, numa reunião de desobsessão, se desliga do cotidiano em que vive e se esquece de si mesmo e se volta com todo o seu potencial de atenção para o trabalho que irá se efetuar;

quando, desligado dos problemas físicos, das preocupações que muita vez lhe afligem o coração, se eleva em prece e se apresta, assim, a bem amar a todos os sofredores que se apresentarem;

quando sente inundado o seu próprio mundo íntimo dos sentimentos que avassalam o visitante do espaço;

quando, penetrando na multidimensão da Vida maior, sintoniza com a esfera do Bem e com os trabalhadores de Jesus que operam em todas as faixas do Amor;

quando assim se coloca na fronteira entre os dois mundos, então estará ele integrado na bênção divina do labor da Caridade maior, a Caridade espiritual, que só a Doutrina Espírita tem condições de promover e propiciar com toda a amplitude.

E, por um prodígio maravilhoso: quanto mais ele se esforce, quanto mais se dedique, sofrendo até (e quase sempre) para cumprir a sua tarefa, quanto mais se doe, mais venturas, alegrias e felicidade experimentará diante da sensação de ter cumprido realmente o seu dever e ter contribuído para minorar a dor de seu semelhante.

Não existe na face da Terra alegria mais suave e verdadeira que aquela que invade o nosso coração quando conseguimos contribuir para a felicidade alheia. É como se, de repente, o céu azul invadisse a nossa própria vida, dando-nos uma dimensão de infinito, uma sensação de bem-estar inefável, fazendo com que haja música celestial em nossos ouvidos e ao nosso redor.

É a sensação de estar em paz com o mundo e de que o mundo todo está em paz.

8

O médium obsidiado

"Se um médium não se conduzir convenientemente perante a Doutrina, ou por qualquer outra circunstância demonstrar sinais de domínio de um obsessor, *será indispensável que suspenda qualquer labor mediúnico*, visto que já não poderá inspirar confiança as comunicações que receber e se poderá também prejudicar grandemente, dando ensejos à solidificação da obsessão."

(*Recordações da mediunidade*, Yvonne A. Pereira, cap. 10.)

Todo obsidiado é médium. Isto não significa, contudo, que ele deva desenvolver a sua faculdade. Na maior parte das vezes é exatamente o que ele **não deve fazer**. Antes de mais nada, requer um tratamento espiritual, orientado pela Doutrina Espírita e condizente com o seu estado.

André Luiz esclarece: "O obsidiado, porém, acima de médium de energias perturbadas, é quase sempre um enfermo, representando uma legião de doentes invisíveis ao olhar humano."[37]

São "médiuns doentes", diz o citado autor espiritual, que trazem consigo "aflitiva mediunidade de provação".

Quanto a se encaminhar o médium obsidiado às reuniões para educação e desenvolvimento da sua mediunidade, é ainda André Luiz que adverte ser indispensável que, "antes de tudo, desenvolva recursos pessoais no próprio reajuste", lembrando que "não se constroem paredes sólidas em bases inseguras".[38]

Há que se ter cautela no que se refere à problemática mediúnica do obsidiado, pois, com o pensamento cerceado pelo obsessor, logicamente não está em condições de um desenvolvimento normal. Deve-se tratá-lo com os recursos que o Espiritismo oferece, não se dispensando o tratamento médico que o caso requeira e atentos a que em muitas situações os desajustes espirituais refletem-se no corpo físico, lesando-o. Enfatizamos esta necessidade, lembrando que a Doutrina Espírita não veio para substituir a Medicina terrestre, nem os médiuns pretendem a tarefa que compete aos médicos. A finalidade maior do Consolador é a cura das almas.

•••

Quanto aos médiuns que já estão atuando, os que já têm uma atividade equilibrada, seria absurdo catalogá-los todos como obsidiados. Embora todos os médiuns, tanto quanto todos os seres humanos, sejam suscetiveis de sofrer obsessões. Como

37 *Missionários da luz*, André Luiz, psicografia de Francisco Cândido Xavier, cap. 18, 13ª ed., FEB.

38 *Nos domínios da mediunidade*, André Luiz, psicografia de Francisco Cândido Xavier, cap. 9, 10ª ed., FEB.

diz Joanna de Ângelis: "Ninguém que esteja em regime de exceção, na face da Terra."

Ante uma obsessão sutil ou evidente a afligir o médium, afirma Kardec categoricamente: "A obsessão, de qualquer grau, sendo sempre efeito de um constrangimento e este não podendo jamais ser exercido por um bom Espírito, segue-se que toda comunicação dada por um médium obsidiado é de origem suspeita e nenhuma confiança merece."[39]

Kardec dedica ao problema da obsessão o capítulo 23 de *O livro dos médiuns*, asseverando que ela se apresenta em três principais variedades: simples, de fascinação e de subjugação. O Codificador diz preferir o termo **subjugação** em lugar de **possessão**, de uso mais antigo. Afirma que, a seu ver, ambos os termos são sinônimos, preferindo, entretanto, adotar **subjugação** para referir-se a obsessões mais graves. Justifica sua opção dizendo que a palavra possessão "implica a crença de seres criados para o mal e perpetuamente votados ao mal", o que não é verdade, pois todos os seres têm as mesmas possibilidades de evolução, de progresso. E, ainda, que "implica igualmente a ideia do apoderamento de um corpo por um Espírito estranho, de uma espécie de coabitação", quando realmente o que existe é uma constrição.

Entretanto, revendo o assunto em *A gênese*, cap. XIV, item 47, o mestre lionês passa a adotar o termo possessão, talvez por ser este de uso mais popular, esclarecendo então que: "Na possessão, em vez de agir exteriormente, o Espírito atuante se substitui, por assim dizer, ao Espírito encarnado; toma-lhe o corpo para domicílio, sem que este, no entanto, seja abandonado pelo seu dono, pois que isso só se pode dar pela morte. A possessão, conseguintemente, é sempre temporária e intermi-

39 *O livro dos médiuns*, Allan Kardec, item 242, 42ª ed., FEB.

tente, porque um Espírito desencarnado não pode tomar definitivamente o lugar de um encarnado, pela razão de que a união molecular do perispírito e do corpo só se pode operar no momento da concepção."[40]

Kardec ressalta também quão graves são as consequências da fascinação. Dentre todas as modalidades, talvez seja esta a mais difícil de ser tratada e curada. O que se observa nestes casos, é que a pessoa fascinada se compraz sobremaneira com a situação em que vive. Iludida pelo obsessor, que alimenta a sua vaidade, exacerbando-a, cada vez mais intrincada se torna a questão, à medida que o enfermo passa a necessitar da aproximação do fascinador, numa simbiose completa em que ambos se obsidiam mutuamente.

Presenciamos um caso desse tipo.

L... é portadora de uma fascinação que se tem mostrado resistente a quaisquer orientações. Certa feita, apresentou-se no C. E. Ivon Costa. Dizia ser médium em grande atividade mediúnica e desejosa de frequentar as reuniões que julgava adequadas ao seu grau de desenvolvimento. Contou que exercia a sua mediunidade em casa, onde recebia, através da psicografia e da psicofonia, conselhos para todas as pessoas do seu conhecimento, solicitados ou não. Esclarecida quanto aos inconvenientes dessa prática, foi convidada a frequentar as reuniões públicas e aconselhada a não se descurar do estudo da Doutrina e do labor da caridade. Ela realmente frequentou durante certo tempo as reuniões públicas, mas passou a trazer páginas que afirmava serem psicográficas, constando de conselhos e orientações assinadas pelos mentores do Centro e

40 O termo possessão, na literatura espírita mediúnica, é adotado com bastante frequência (vide, por exemplo, *Nos domínios da mediunidade*) e na prática designa aqueles casos realmente mais graves de obsessão. Seria, assim, o seu grau máximo.

recebidas em seu lar. Tais mensagens eram completamente desconexas, confusas e incompreensíveis, embora L... as julgasse de alto nível.

Manteve-se avessa a quaisquer ponderações, irredutível em seu ponto de vista e achando injustas todas as observações que lhe foram feitas, com discrição e carinho, afastando-se em breve do Centro. Soubemos que L... tem percorrido outros Centros da cidade e agindo da mesma maneira. Jamais admitiu que possa estar sendo vítima de um Espírito mistificador, e tal como Kardec esclarece, como característica principal dessa modalidade de obsessão, afasta-se de toda e qualquer pessoa que a possa orientar.

"Geralmente, o Espírito que se apodera do médium, tendo em vista dominá-lo, não suporta o exame crítico das suas comunicações; quando vê que não são aceitas, que as discutem, ***não se retira***, mas inspira ao médium o pensamento de se insular, chegando mesmo, não raro, a ordenar-lho." (Grifos nossos.)[41]

Este comentário de Allan Kardec e o que transcrevemos a seguir são da maior relevância para que se perceba a diferença existente entre a atuação de um Espírito desejoso de enganar e fazer o mal e a do Espírito que somente pratica a caridade e o amor, ensinando o bem e a verdade.

Diz-nos o mestre lionês, referindo-se à análise das comunicações: "Repetimos: este meio é único, mas é infalível, porque não há comunicação má que resista a uma crítica rigorosa. Os bons Espíritos **nunca se ofendem com esta**, pois que eles próprios **a aconselham** e porque nada têm que temer do exame. Apenas os maus se formalizam e procuram evitá-lo,

41 *O livro dos médiuns*, Allan Kardec, item 248, 42ª ed., FEB.

porque tudo têm a perder. Só com isso provam o que são." (Grifos nossos.)[42]

Idêntico proceder vale para os médiuns. Aqueles que se melindram por uma que outra observação que se lhes faça, que por qualquer motivo sintam-se feridos no seu amor-próprio e que por isso se afastem da reunião, estarão comprovadamente sob o assédio de obsessores.

Há médiuns que se julgam infalíveis, e, o que é mais sério, jamais admitem que possam sofrer sequer uma influenciação espiritual de ordem inferior. Julgam-se imunes, como que vacinados contra as obsessões.

No entanto, como é fácil resvalarmos! Como somos frágeis perante as nossas próprias fraquezas! Como somos visados!

Façamos ecoar em nossos ouvidos, em nosso coração, a advertência notável de André Luiz, já citada no capítulo 4 da Primeira Parte, "Gradação das obsessões", quando ele diz que "somos, por vezes, loucos temporários, grandes obsidiados de alguns minutos [...] doentes do raciocínio em crises periódicas, médiuns lastimáveis da desarmonia [...]"

Quem de nós pode afirmar o contrário?

•••

Cônscios de nossas fraquezas, recorramos ao Senhor, dizendo-lhe:

"Eu creio, Senhor! ajuda a minha incredulidade." (MARCOS, 9:24.)

42 *O livro dos médiuns*, Allan Kardec, item 266, 42ª ed., FEB.

9

Ação do mundo espiritual

"Para os Espíritos, o pensamento e a vontade são o que é a mão para o homem. Pelo pensamento, eles imprimem àqueles fluidos tal ou qual direção, os aglomeram, combinam ou dispersam, organizam com eles conjuntos que apresentam uma aparência, uma forma, uma coloração determinadas; mudam-lhes as propriedades, como um químico muda a dos gases ou de outros corpos, combinando-os segundo certas leis. É a grande oficina ou laboratório da vida espiritual."

(*A gênese*, Allan Kardec, cap. XIV, item 14.)

Quando nós, encarnados, chegamos à reunião mediúnica já o ambiente espiritual está preparado, de acordo com as tarefas programadas.

A sala passa por rigorosa assepsia, visando defendê-la das larvas psíquicas criadas pelas emissões mentais negativas e profundamente desequilibradas dos obsessores e demais enfermos espirituais[43]. Assinala André Luiz: "A cólera, a intemperança, os desvarios do sexo, as viciações de vários matizes, formam criações inferiores que afetam profundamente a vida íntima."[44]

Explica-nos o Espírito Efigênio S. Vítor que em cada reunião espírita, orientada com segurança, trabalham equipes especializadas que têm a incumbência de preparar o ambiente espiritual, dando a esses trabalhadores dedicados o nome de Espíritos Arquitetos. Informa-nos, ainda, que havendo um grupo de pessoas com um "centro mental definido, para o qual convergem todos os pensamentos", possibilitando a formação de "vasto reservatório de plasma sutilíssimo"[45], utilizado pelos trabalhadores mencionados na criação de formas-pensamentos constituindo paisagens, telas, painéis movimentados com imagens temporariamente vivas, criadas após pesquisa sobre o passado dos comunicantes que devam ser amparados. E durante o horário da reunião formam-se assim jardins, hospitais, templos, escolas, quadros, espelhos ectoplásmicos e recursos outros que façam os irmãos necessitados recordarem-se do seu pretérito. Com essas providências feitas de modo tão cuidadoso, é possível sensibilizar tais corações, favorecendo a compreensão imprescindível.

Por outro lado, os Espíritos que irão comunicar-se são trazidos ao recinto e permanecem dentro do círculo magnético formado para mantê-los não só na faixa vibratória mais próxima dos participantes da esfera física, como também no intuito de retê-los, para que recebam todos os benefícios possíveis em cada caso.

43 Também os encarnados movidos por sentimentos negativos emitem pensamentos desequilibrados que dão origem às criações mentais inferiores mencionadas.

44 *Missionários da luz*, André Luiz, psicografia de Francisco Cândido Xavier, cap. 4, 13ª ed., FEB.

45 *Instruções psicofônicas*, Autores diversos, psicografia de Francisco Cândido Xavier, cap. 44, 3ª ed., FEB.

Todos os que forem escalados para a comunicação recebem tratamento especial, visando, em alguns casos, a diminuir ou atenuar os efeitos dos fluidos pesados, grosseiros, que emitem. Enquanto isto, os médiuns designados para tais e quais comunicações recebem toda a assistência imprescindível a colocá-los em condições compatíveis com as dos comunicantes. Assim, são-lhes fornecidos fluidos magnéticos que os fortalecerão, enquanto que servirão também de defesas contra as vibrações desequilibradas dos obsessores e sofredores.

Outro recurso adotado pelos trabalhadores espirituais nas reuniões, conforme foi explicado há anos pelo Espírito Ivon Costa, é a transmissão das ocorrências das reuniões (quando se faz necessário), ampliando-se as vozes através de aparelhos análogos aos nossos amplificadores ou alto-falantes, para serem ouvidas na via pública, com a finalidade de se atender às entidades espirituais sofredoras, perturbadas e perturbadoras.

A ação dos Trabalhadores da Espiritualidade é feita, sobretudo, de maneira muito prática – e nem poderia ser de outra forma –, visando sempre a auxiliar maior número possível de sofredores.

Ao comunicar-se, quase sempre o Espírito é como que o representante de um número bem grande de outros em idênticas condições. Não podendo e nem necessitando manifestarem-se todos, um é designado para isto. Os demais companheiros em problemas e sofrimentos beneficiam-se ouvindo as palavras do doutrinador, e igualmente recebem as vibrações amorosas dos presentes.

Como exemplo do trabalho acima mencionado apresentamos dois casos.

1º CASO

Certa noite, na reunião de desobsessão em que trabalhamos, comunicou-se um Espírito que havia partido em plena juventude. Havia sido estudante de Engenharia em Belo Horizonte e desencarnara dirigindo o seu automóvel – o prêmio que recebera ao ser aprovado no vestibular – quando voltava da Universidade onde cursava o primeiro ano. O doutrinador confortou e esclareceu o jovem, com palavras repletas de carinho. O esclarecimento foi ouvido, simultaneamente, por um grupo de jovens presentes, todos desencarnados na faixa etária de 16 a 23 anos, aproximadamente. A presença desse grupo foi pressentida por todos, o que motivou uma homogeneidade incomum de vibrações. Foi uma noite belíssima e de grande aproveitamento espiritual, em que a caridade e o amor iluminaram o ambiente.

2º CASO

Certa ocasião, comunicaram-se três Espíritos que tinham uma problemática em relação ao aborto. As comunicações, uma em seguida à outra, eram todas vinculadas ao assunto.

A primeira delas foi a de um médico que, enquanto encarnado, dedicara-se a fazer abortos. Apresentou-se muito perturbado, perseguido por vários Espíritos. Acusava a si mesmo de criminoso e sentia-se aterrorizado com os próprios atos. Estava arrependido – dizia sem cessar – e tinha muito medo dos que o perseguiam.

O segundo comunicante foi uma mulher. Acusava o médico, a quem perseguia, desejosa de vingar-se. Explicou ter morrido em suas mãos, quando este tentava provocar-lhe a interrupção de uma gravidez. Estava atormentada pelo remorso dessa ação e pelo ódio que nutria pelo médico.

Ambos foram esclarecidos e retiraram-se bastante reconfortados.

A terceira entidade era também uma mulher. Veio para apoiar e estimular o nosso trabalho. Já possuía bastante conhecimento sobre a vida espiritual e trabalhava muito, principalmente ajudando a combater a ideia e a prática do aborto. Ela mesma, em sua última existência, havia cometido esse crime, quando da gestação de seu sexto filho. Sendo pobre e lutando com dificuldades de toda ordem, ao engravidar pela sexta vez, desorientou-se e provocou o aborto, do qual se arrependeu imediatamente. Jamais se perdoara e daí para frente sofreu duplamente, carregando o peso do remorso. Teve uma existência longa, de muitas lutas e desencarnou após prolongada moléstia. No plano espiritual, encontrou-se com aquele que seria o seu sexto filho e teve um grande abalo ao certificar-se que era um ente muito querido ao seu coração e que iria reencarnar com a finalidade de ajudá-la. Ele a havia perdoado, mas ela, inconformada com o fato, não conseguira até então perdoar a si mesma. Dedicou-se, por isto, ao trabalho de preservação da vida, ao mesmo tempo em que faz parte de um grupo de atendentes (ou enfermeiros), dedicados a socorrer os que praticam esse delito e que jazem no remorso e no desespero. Estava conosco naquela noite, acompanhando vários Espíritos comprometidos por esse mesmo crime.

Foi um belo trabalho, e uma vez mais emocionamo-nos ante as lições maravilhosas que recebemos nas reuniões de desobsessão.

Ação do mundo espiritual: um quadro de rara beleza

Em nossa equipe de desobsessão, estávamos realizando, há algumas semanas, determinado trabalho com um grupo de entidades bastante endurecidas e muito cultas. As comunicações se sucediam e os obsessores apresentavam-se como perseguidores do movimento espírita.

A cada reunião os doutrinadores desdobravam-se em argumentações elucidativas, buscando mostrar a toda a falange a real situação em que se encontrava, em virtude dos erros cometidos. Usaram vários tipos de abordagem e notou-se que, após algumas semanas, as energias desses infelizes irmãos começaram a decrescer. Já não tinham mais tanta veemência e os argumentos que usavam eram totalmente sobrepujados pela palavra firme dos doutrinadores, toda ela baseada no Evangelho.

Finalmente, uma noite, os dois mais rebeldes e frios sentiram-se tocados. Os esclarecimentos, que a cada sessão se aprofundavam mais no cerne da problemática que apresentavam, dessa vez atingiram o auge.

Foi quando um dos obsessores, afinal plenamente conscientizado do mal praticado e do estado lamentável em que se encontrava, sentiu-se desorientado, no fim de suas forças, aflito e com uma sensação de sufocamento insuportável. Em sofrimento, disse estar sedento e pediu água. Nesse momento, o mentor dos trabalhos interveio e, por nosso intermédio, começou lentamente a descrever a passagem em que Jesus no "poço de Jacó" oferece à mulher samaritana a água viva, aquela que realmente dessedenta por todo o sempre.

A medida que ia descrevendo a cena, começou a se formar um deslumbrante quadro fluídico, com a reprodução do encontro do Mestre com a mulher de Samaria. Este painel, suspenso no ar, acima de nossas cabeças, reproduzia a passagem evangélica, estando o Senhor sentado junto ao poço e a samaritana com o cântaro nas mãos, de pé, a seu lado. A tela tinha movimento, cor e luz, qual se fosse uma cena cinematográfica; parecia real, viva, tanto que tivemos a sensação de também ser parte integrante da paisagem e que sentíamos até mesmo a brisa suave e amena, enquanto víamos o céu com os matizes do entardecer.

Cada um viu e sentiu o quadro à sua maneira. Desnecessário dizer da emoção que invadiu a todos. Choravam os Espíritos comunicantes, bem assim nós, os encarnados, que sentíamos as lágrimas descer pelas faces, tomados de inolvidável unção.

Tanta beleza e grandiosidade levou-nos a um estado espiritual poucas vezes sentido e do qual não desejávamos sair. Sentíamo-nos, espiritualmente, ajoelhados, pois parece-nos impossível outra atitude diante das maravilhas que o mundo maior nos oferece. Enquanto as entidades eram levadas pelos Amigos Espirituais, o quadro foi-se esvanecendo aos poucos, tal como a fumaça se desfaz no ar.

Jamais esqueceremos essa noite sublime.

10

O sono durante as reuniões

"Se irrefreável torpor lhe domina a lucidez, quando convocado ao serviço do bem geral, observe o sinal vermelho de alarme chamando-lhe a atenção. Pode ser cansaço, talvez seja sono mesmo...

Se, porém, é habitual essa situação, ou você está doente de narcolepsia ou insidiosa obsessão está assenhoreando-se das suas forças." – Marco Prisco.

(*Sementeira da fraternidade*, Diversos Espíritos, psicografia de Divaldo Pereira Franco, cap. 37.)

Sentir sono durante as reuniões de desobsessão pode ser, às vezes, consequência de fadiga física. Entretanto, o sono também pode ser provocado pela aproximação de certas entidades desejosas de perturbar o bom andamento dos trabalhos.

Vários tipos de Espíritos podem ocasionar esse estado de sonolência: os toxicômanos, por exemplo, produzem um estado torporoso, dando ao médium a sensação de estar anestesiado, a par de uma angústia indefinível. Igualmente os que se recusam a tomar consciência de si mesmos, preferindo dormir como fuga aos seus problemas, temerosos de enfrentar a realidade, ao serem ligados aos médiuns, transmitem a sonolência em que jazem e da qual se recusam a sair, para não serem conscientizados do seu real estado.

Por outro lado, há também as entidades que desejam perturbar o desenvolvimento das tarefas programadas. Para isso tentam envolver os médiuns e demais participantes em vibrações de torpor, agindo por hipnose, à qual todos devem reagir para não serem dominados pela sonolência. Também aqueles Espíritos que se sentem enfraquecidos, debilitados e em estado de prostração podem transmitir ao médium o desejo de dormir.

A equipe encarnada deverá estar atenta e vigilante para que ninguém seja vencido pelo sono, entendendo que tal estado acarreta prejuízos à sessão.

Se os participantes estão afeitos ao labor desobsessivo, saberão distinguir perfeitamente quando o sono que os envolve não é natural e sim provocado por entidades desse jaez.

Quanto ao sono natural, resultante de cansaço e problemas físicos, de idêntica maneira deve ser combatido. Se os participantes se esforçam, mantendo-se vigilantes, é possível vencer os momentos de sonolência e com o tempo terão vencido totalmente esse obstáculo.

Muitas pessoas, frequentemente, adormecem não só quando estão em reunião mediúnica, mas também em palestras e outras atividades que exigem um mínimo de esforço mental. Manoel Philomeno de Miranda adverte-nos de que tal sono pode ser consequência de hipnose espiritual inferior, provocada por Espíritos que tentam impedir o nosso progresso através do trabalho no bem e do estudo que nos esclareça.

É, pois, de fundamental importância que todos se mantenham alertas e vigilantes cooperando ativamente durante os trabalhos de desobsessão.

11

O transcurso das reuniões de desobsessão

"Não se esqueça de que toda visita espiritual é muito importante, recordando que, no socorro prestado por nós a quem sofre, estamos recebendo da vida o socorro que nos é necessário, a erguer-se em nós por ensinamento valioso, que devemos assimilar, na regeneração ou na elevação de nosso próprio destino." – André Luiz.

(*Instruções psicofônicas*, Autores diversos, psicografia de Francisco Cândido Xavier, cap. 46.)

Em linhas gerais é este o desenrolar de uma reunião de desobsessão:

1º) Leitura – Na hora aprazada, deve-se efetuar uma leitura preparatória para a harmonização de pensamentos.

O evangelho segundo o espiritismo é, a nosso ver, o livro mais indicado, por ser o que traz os ensinos de Jesus, propiciando melhor preparação do ambiente. Após a leitura, os presentes devem tecer ligeiros comentários sobre o trecho lido, num tempo máximo de 15 minutos.

2º) Prece – O dirigente fará em seguida a prece inicial. Ela não deve ser longa, mas simples e concisa. Não deve ser feita como se fosse uma explanação. A oração é o apelo que dirigimos a Deus e a Jesus para que abençoem o trabalho que vai iniciar-se. Por isso é um pedido que vem do coração e que unirá numa vibração uníssona, harmônica, o pensamento dos presentes.

3º) Comunicação do mentor – Espontaneamente, o mentor comunicar-se-á para as imprescindíveis orientações.

Entretanto, em muitas reuniões tal não acontece, manifestando-se em primeiro lugar os Espíritos que necessitam de esclarecimentos, o que não altera o bom andamento dos trabalhos. Evidentemente que as instruções iniciais do mentor representarão um roteiro oportuno, traduzindo-se em mais segurança e rendimento da equipe encarnada.

4º) Comunicações psicofônicas dos Espíritos que necessitam de esclarecimento.

Os médiuns darão passividade, um de cada vez, preferentemente. Todavia, vez que outra acontecem comunicações simultâneas, sem que isto prejudique a harmonia da reunião, visto estarem os médiuns educados e disciplinados, depreendendo-se que as comunicações e os esclarecimentos serão realizados em tom de voz moderada.

5º) Comunicações psicográficas – Havendo médiuns dessa especialidade, as comunicações virão espontaneamente. Obviamente não nos referimos a treinos psicográficos, mas a medianeiros já adestrados.

6º) Comunicações de benfeitores espirituais – Em geral, finalizando as tarefas, um ou mais Amigos Espirituais trazem a sua mensagem de conforto e ensinamento, bem como o mentor que faz esclarecimentos essenciais, pela psicografia ou pela psicofonia.

7º) Passes – Os médiuns passistas aplicarão os passes naqueles que necessitarem.

8º) Prece de encerramento – O dirigente ou alguém a seu pedido fará a prece final.

9º) Avaliação dos trabalhos e leituras das mensagens psicográficas – O dirigente pede a um por um dos presentes que em breves e sucintas palavras analise e opine sobre os trabalhos. Este é um momento de muita importância para o aperfeiçoamento da equipe. Cada participante tem assim o ensejo de comentar como se sentiu durante a sessão, e os médiuns videntes dirão o que presenciaram.

Essa troca de ideias e comentários coloca o grupo bem mais entrosado e à vontade, pois o próprio médium ou doutrinador tem liberdade de avaliar a própria atuação, enfatizando alguma dificuldade que tenha sentido durante a reunião. Com o tempo, o sentido de autocrítica se desenvolve e cada um é capaz de dizer quando e por que teve dificuldades na sua atividade. Como também afasta todo e qualquer resquício de melindre, já que todos se colocam em posição de se autoanalisar e ser analisado.
O grupo cresce em produtividade com esta prática.

12

Tipos de Espíritos comunicantes

> "[...] Esta classificação, aliás, nada tem de absoluta. Apenas no seu conjunto cada categoria apresenta caráter definido. De um grau a outro a transição é insensível e, nos limites extremos, os matizes se apagam, como nos reinos da natureza, como nas cores do arco-íris, ou, também, como nos diferentes períodos da vida do homem."
>
> (*O livro dos espíritos*, Allan Kardec, questão 100.)

Esta classificação se baseia no modo como os Espíritos se apresentam nas reuniões de desobsessão e refere-se apenas aos Espíritos obsessores e necessitados.

Ao incluí-la neste livro, nosso intuito é oferecer nossa contribuição aos que se dedicam ao ministério desobsessivo, sobretudo os que estão iniciando, para que tenham uma visão geral, embora bem simples, dos principais tipos de Espíritos que se comunicam nestas sessões especializadas, e também, em linhas gerais, focalizar a abordagem que o esclarecedor pode adotar.

Importa ainda mencionar que alguns desses tipos de entidades aqui relacionadas comparecem também nas reuniões de educação e desenvolvimento mediúnico (sendo mais comuns nestas), desde que estejam os médiuns em condições e que haja necessidade dessas manifestações.

ESPÍRITOS QUE NÃO CONSEGUEM FALAR

São bastante comuns as manifestações de entidades que não conseguem falar. Essa dificuldade pode ser resultante de problemas mentais que interferem no centro da fala, como também em virtude do ódio em que se consomem, que, de certa maneira, oblitera a capacidade de transmitir o que pensam e sentem[46]. Em outros casos, pode ser um reflexo de doenças de que eram portadoras antes da desencarnação e que persistem no além-túmulo, por algum tempo, de acordo com o estado de cada uma. Finalmente, existem aqueles que não querem falar para não deixar transparecer o que pensam, representando essa atitude uma defesa contra o trabalho que pressentem (ou sabem) estar sendo feito junto deles. Neste último caso, o médium pode conseguir traduzir as suas intenções, paulatinamente.

Não há necessidade de tentar insistentemente que falem, forçando-os com perguntas, pois nem sempre isso é o melhor para eles. O doutrinador deve procurar sentir, captar os sentimentos que trazem. Geralmente não é difícil apreendê-los. Os que sofrem ou os que se rebolcam no ódio deixam transparecer

46 Já recebemos entidades com tanto ódio que pareciam sufocadas, tendo por isto dificuldade de falar, e algumas outras que choravam de ódio.

o estado em que se encontram. De qualquer forma são sumamente necessitados do nosso amor e atenção. O doutrinador deve dizer-lhes palavras de reconforto, aguardando que respondam espontaneamente. Muitos conseguem conversar ao cabo de alguns minutos, outros não resistem e acabam aceitando o diálogo, cabendo ao doutrinador atendê-los de acordo com a problemática que apresentam.

Os que têm problema de mudez, por exemplo, conseguirão através de gestos demonstrá-lo. Ciente disso, o doutrinador pode ir aos poucos conscientizando-o de que esse problema pode ser resolvido, que era uma consequência de deficiência do corpo físico, mas que no estado atual ele poderá. superar, se confiar em Jesus, se quiser com bastante fé etc. Nesse momento, o passe e a prece ajudam muito.

Em qualquer circunstância deve-se deixar que tudo ocorra com naturalidade, sem querer forçar a reação por parte dos que se comunicam.

ESPÍRITOS QUE DESCONHECEM A PRÓPRIA SITUAÇÃO

Não têm consciência de que estão no plano espiritual. Não sabem que morreram e sentem-se imantados aos locais onde viveram ou onde está o centro de seus interesses.

Uns são mais fáceis de serem conscientizados e o doutrinador, sentindo essa possibilidade, encaminhará o diálogo para isso. Outros, porém, trazem a ideia fixa em certas ocorrências da vida física e torna-se mais difícil a tarefa de aclarar-lhes a situação. Certos Espíritos não têm condições de serem informados sobre a própria morte, apresentando um total despreparo para a verdade. Essa explicação será feita com tato, **dosando-se** a verdade conforme o caso. Deve-se procurar infundir-lhes a confiança em Deus e noções de que a vida se processa em vários estágios, que ninguém morre (a prova disso é ele estar ali falando) e que a vida verdadeira é a espiritual.

ESPÍRITOS SUICIDAS

São seres que sofrem intensamente. Quando se comunicam apresentam um sofrimento tão atroz, que comove a todos. Às vezes, estão enlouquecidos pelas alucinações que padecem, em virtude da repetição da cena em que destruíram o próprio corpo, pelas dores superlativas daí advindas e ao chegarem à reunião estão no ponto máximo da agonia e do cansaço.

Cabe ao doutrinador socorrê-los, aliviando-lhes os sofrimentos através do passe.

Não necessitam tanto de doutrinação, quanto de consolo. Estão buscando uma pausa para os seus aflitivos padecimentos. A vibração amorosa dos presentes, os eflúvios balsamizantes do Alto atuarão como brando anestésico, aliviando-os, e muitos adormecem, para serem levados em seguida pelos trabalhadores espirituais.

ESPÍRITOS ALCOÓLATRAS E TOXICÔMANOS

Quase sempre se apresentam pedindo, suplicando ou exigindo que lhes deem aquilo de que tanto sentem falta. Sofrem muito e das súplicas podem chegar a crises terríveis, delírios em que se debatem e que os desequilibram totalmente. Sentem-se cercados por sombras, perseguidos por bichos, monstros que lhes infundem pavor, enquanto sofrem as agonias da falta do álcool ou do tóxico.

De nada adiantará ao doutrinador tentar convencê-los das inconveniências dos vícios e da importância da temperança, do equilíbrio. Não estão em condições de entender e aceitar tais tipos de conselhos. Deve-se tentar falar-lhes a respeito de Jesus, de que nele é que encontramos forças para resistir. De que somente com Jesus seremos capazes de vencer os condicionamentos ao vício.

Se, entretanto, estiverem em delírios, o passe é o meio de aliviá-los.

Espíritos que desejam tomar o tempo da reunião

Vêm com a ideia preconcebida de ocupar o tempo dos trabalhos e assim perturbarem o seu desenrolar.

Usam muito a técnica de acusar os participantes, os espíritas em geral, ou comentam sobre as comunicações anteriores, zombando dos problemas apresentados. Tentam alongar a conversa, têm resposta para tudo.

Observando o seu intento, o doutrinador não deve debater com eles, tentando provar a excelência do Espiritismo, dos propósitos da reunião e dos espíritas, mas sim levá-los a pensar em si mesmos. Procurar convencê-los de que enquanto analisam, criticam ou perseguem outras pessoas, esquecem-se de si mesmos, de buscar a sua felicidade e paz interior.

Quase nunca são esclarecidos de uma só vez. Voltam mais vezes.

Espíritos irônicos

São difíceis para o diálogo. E, geralmente, sendo muito inteligentes, usam a ironia como agressão. Ferem o doutrinador e os participantes com os comentários mais irônicos e contundentes. Ironizam os espíritas, acusando-os de usarem máscara; de se fingirem de santos; de artifícios dos quais, dizem, utilizam para catequizar os incautos; de usar magia, hipnotismo etc.

Alguns revelam que seguem os participantes da reunião para vigiar-lhes os passos e que ninguém faz nada do que prega.

Em hipótese alguma deve-se ficar agastado ou melindrado com isso. É, aliás, o que almejam. Pelo contrário, devemos aceitar as críticas ferinas, inclusive porque apresentam grande fundo de verdade. Essa aceitação é a melhor resposta. A humildade sincera, verdadeira, nascida da compreensão de que em realidade somos ainda muito imperfeitos.

Tentar defender-se, mostrar que os espíritas trabalham muito, que naquele Centro se produz muito, é absolutamente ineficaz. Será até demonstração de vaidade de nossa parte, visto que temos ciência de nossa indigência espiritual e do pouco que produzimos e progredimos. E eles sabem disto.

Aceitando as acusações e sentindo, acima de tudo, o quanto existe de razão no que falam, eles aos poucos se desarmarão. Simultaneamente ir conscientizando-os do verdadeiro estado em que se encontram; da profunda solidão em que vivem, afastados dos seus afetos mais caros; que, em realidade, são profundamente infelizes – eis alguns dos pontos que podem ser abordados.

Tais entidades voltam mais vezes, pois esse esclarecimento demanda tempo.

ESPÍRITOS DESAFIANTES

Vêm desafiar-nos. Julgam-se fortes, invulneráveis e utilizam-se desse recurso para amedrontar. Ameaçam os presentes com as mais variadas perseguições e desafiam-nos a que prossigamos interferindo em seus planos.

Cabe ao doutrinador ir encaminhando o diálogo, atento a alguma observação que o comunicante fizer e que sirva como base para atingir-lhe o ponto sensível. Todos nós temos os nossos pontos vulneráveis – aquelas feridas que ocultamos cuidadosamente, envolvendo-as na couraça do orgulho, da vaidade, do egoísmo, da indiferença.

Em geral, os obsessores, no decorrer da comunicação, acabam resvalando e deixando entrever os pontos suscetíveis que tanto escondem. Aparentam fortaleza, mas, como todos, são indigentes de amor e de paz. Quase sempre estão separados de seus afetos mais caros, seja por nível evolutivo, seja por terem sido feridos por eles.

O doutrinador recorrerá à energia equilibrada – dosada no amor –, serena e segura, quando sentir necessidade.

Espíritos desse padrão vibratório quase sempre têm que se comunicar mais vezes. O que se observa é que a cada semana eles se apresentam menos seguros, menos firmes e fortes que na anterior. Até que se atinge o momento do despertar da consciência.

Espíritos descrentes

Apresentam-se insensíveis a qualquer sentimento. Descreem de tudo e de todos. Dizem-se frios, céticos, ateus.

No entanto, o doutrinador terá um argumento favorável, fazendo-os sentir que apesar de tudo continuam vivos e que se comunicam através da mediunidade. Também poderá abordar outro aspecto, que é o de dizer que entende essa indiferença, pois que ela é resultante dos sofrimentos e desilusões que o atormentam. Que, em realidade, essa descrença não o conduzirá a nada de bom, e sim a maiores dissabores e a uma solidão insuportável.

O doutrinador deve deixar de lado toda argumentação que vise a provar a existência de Deus, pois qualquer tentativa nesse sentido não atingirá o objetivo. Eles estão armados contra essa doutrinação e é esta justamente a que esperam encontrar. Primeiro, deve-se tentar despertá-los para a realidade da vida, que palpita dentro deles, e da sofrida posição em que se colocam, por vontade própria. Ao se conscientizarem do sofrimento em que jazem, da angústia que continuadamente tentam disfarçar, da distância que os separa dos seres amados, por si mesmos recorrerão a Deus. Inclusive, o doutrinador deve falar-lhes que somente o Pai pode oferecer-lhes o remédio e a cura para seus males.

Espíritos dementados

Não têm consciência de coisa alguma. O que falam não apresenta lógica. Quase todos são portadores de monoideísmo, ideia fixa em determinada ocorrência, razão por que não ouvem, nem entendem o que se lhes fala.

Devem ser socorridos com passes. Em alguns casos, o Espírito parece despertar de um longo sono e passa a ouvir a voz que lhe fala. São os que trazem problemas menos graves.

Espíritos amendrontados

Dizem-se perseguidos e tentam desesperadamente se esconder de seus perseguidores. Mostram-se aflitos e com muito medo.

É necessário infundir-lhes confiança, demonstrando que ali naquele recinto estão a salvo de qualquer ataque, desde que também se coloquem sob a proteção de Jesus.

São vítimas de obsessões, sendo dominados e perseguidos por entidades mais fortes mentalmente, com as quais se comprometeram. Muitos deles são empregados pelos obsessores para atormentar outras vítimas. Obrigados a obedecer, não são propriamente cúmplices, mas também vítimas.

ESPÍRITOS QUE AUXILIAM OS OBSESSORES

São bastante comuns nas reuniões. As vezes, dizem abertamente o que fazem e que têm um chefe. Em outros casos, tentam esconder as suas atividades e muitos chegam a afirmar que o chefe não quer que digam nada. Também costumam dizer que foram trazidos à força ou que não sabem como vieram parar ali.

É preciso dizer-lhes que ninguém é chefe de ninguém. Que o nosso único "chefe" é Jesus. Mostrar-lhes também o mal que estão praticando e do qual advirão sérias consequências para eles mesmos. É de bom alvitre mencionar que o chefe no qual tanto acreditam em verdade não lhes deseja bem-estar e alegrias, visto que não permite que sigam seu caminho ao encontro de amigos verdadeiros e entes queridos.[47]

ESPÍRITOS VINGATIVOS

São aqueles obsessores que, por vingança, se vinculam a determinadas criaturas.

47 Quando mencionamos os entes queridos do comunicante isto não significa forçar a comunicação de um deles. Inclusive deve-se evitar fazê-lo, pois isto deve ser natural e cabe aos mentores resolverem. É comum que se diga ao obsessor: "Lembre-se de sua mãe." Deve-se evitar isto, pois a resposta poderá ser: "Por quê? ela não prestava" ou "era pior que eu" etc. Daí o cuidado.

Muitos declaram abertamente seus planos, enquanto que outros se negam a comentar suas ações ou o que desejam. Costumam apresentar-se enraivecidos, acusando os participantes de estarem criando obstáculos aos seus planos. Falam do passado, do quanto sofreram nas mãos dos que hoje são as vítimas. Nesses casos, o doutrinador deve procurar demonstrar-lhes o quanto se estão prejudicando, o quanto o ódio e a vingança os tornam infelizes; que, embora o neguem, no fundo, prosseguem sofrendo, já que não encontram um momento de paz; que o ódio consome aquele que o cultiva. É importante levá-los a refletir sobre si mesmos, para que verifiquem o estado em que se encontram. A maioria se julga forte e invencível, mas confessam estar sendo tolhidos pelos trabalhos da reunião, o que os enfurece. Diante desse argumento, o doutrinador deve enfatizar que a força que tentam demonstrar se dilui ante o poder do Amor que dimana de Jesus.

Conforme o caso, os resultados se apresentam de imediato. O obsessor, conquistado pelo envolvimento fluídico do grupo e pela lógica do doutrinador, sente-se enfraquecido e termina por confessar-se arrependido. Em outros casos, a entidade se retira enraivecida, retornando para novas comunicações, nas semanas seguintes. Quando voltam, identificam-se ou são percebidos pelos participantes ante a tônica que imprimirem à conversação.

ESPÍRITOS MISTIFICADORES

São os que procuram encobrir as suas reais intenções, tomando, às vezes, nomes ilustres ou ares de importância. Chegam aconselhando, tentando aparentar que são amigos ou mentores. Usam de muita sutileza e podem até propor modificações no andamento dos trabalhos.

Mistificadores existem que se comunicam aparentando, por exemplo, ser um sofredor, um necessitado, com a finalidade de desviar o ritmo das tarefas e de ocupar o tempo.

O médium experiente e vigilante e o grupo afinizado os identificarão. Mas não se pode dispensar toda a vigilância e discernimento.

Numa reunião bem orientada, se se comunica um mistificador, nem sempre significa que haja desequilíbrio, desorganização ou invigilância. As comunicações desse tipo são permitidas pelos mentores, para avaliar a capacidade do grupo e porque sabem o rendimento da equipe, e que o mistificador terá possibilidades de ser ali beneficiado.

O médium que recebe a entidade detém condições de sentir as suas vibrações e captar as suas intenções. Mesmo que o grupo não perceba, o médium sabe e, posteriormente, após os trabalhos, no instante da avaliação, tem ensejo de declarar o que sentiu e quais eram as reais intenções do comunicante. Ressalte-se, contudo, que, quando o grupo é bem homogêneo, todos ou alguns participantes perceberão o fato.

Espíritos obsessores inimigos do Espiritismo

São, geralmente, irmãos de outros credos religiosos. Alguns agem imbuídos de boa-fé, acreditando que estão certos. Muitos, todavia, o fazem absolutamente cônscios de que estão errados, pelo simples prazer de provocar discórdia. Dizem-se defensores do Cristo, da pureza dos seus ensinamentos. Não admitem que os espíritas sigam Jesus.

O doutrinador deve evitar as explanações sobre religião. De nada adiantará tentar convencê-los de que o Espiritismo é a Terceira Revelação, o Consolador Prometido. É este o caminho menos indicado. Deve-se evitar comparações entre religiões. A conversação deve girar em torno dos ensinamentos de Jesus. Comparar-se o que o Mestre ensinou e as atitudes dos que se dizem seus legítimos seguidores. São muito difíceis de ser convencidos. São cultos e cristalizados em seus pontos de vista.

ESPÍRITOS GALHOFEIROS, ZOMBETEIROS

Apresentam-se tentando perturbar o ambiente, seja fazendo comentários jocosos, seja dizendo palavras e frases engraçadas, com a intenção de baixar o padrão vibratório dos presentes. Alguns chegam rindo; um riso que prolongam a fim de tomar tempo, exasperar e irritar os presentes, ou também levá-los a rir.

É preciso muita paciência com eles e o grupo deve manter elevado o teor dos pensamentos e vibrações. Deve-se procurar o diálogo no sentido de torná-los conscientes da inutilidade dessa atitude e de que em verdade o riso encobre, não raro, o medo, a solidão, o desassossego.

ESPÍRITOS LIGADOS A TRABALHOS DE MAGIA, TERREIRO ETC.

Vez que outra surgem na sessão entidades ligadas aos trabalhos de magia, despachos etc. Podem estar vinculados a algum nome, a algum caso que esteja sendo tratado pela equipe. Uns reclamam da interferência havida; outros propõem trabalhos mais "pesados" para resolver os assuntos; vários reclamam de estar ali e dizem não saber como foram parar naquele ambiente, pedindo inclusive muitos objetos empregados em reuniões que tais.

O doutrinador irá observar a característica apresentada, fazendo a abordagem correspondente.

Espíritos sofredores

São os que apresentam ainda os sofrimentos da desencarnação ou do mal que os vitimou. Se morreram em desastre, sentem, por exemplo, as aflições daqueles instantes. Sofrem muito e há necessidade de aliviá-los através da prece e do passe. A maioria adormece e é levada pelos trabalhadores espirituais.

13

Ação dos obsessores contra os Grupos Espíritas

"[...] Os ocasionadores de perturbações não se encontram somente no meio delas (das Sociedades e das reuniões), mas também no mundo invisível. Assim como há Espíritos protetores das associações, das cidades e dos povos, Espíritos malfeitores se ligam aos grupos, do mesmo modo que aos indivíduos. Ligam-se, primeiramente, aos mais fracos, aos mais acessíveis, procurando fazê-los seus instrumentos e gradativamente vão envolvendo os conjuntos, por isso que tanto mais prazer maligno experimentam, quanto maior é o número dos que lhes caem sob o jugo."

(*O livro dos médiuns*, Allan Kardec, item 340.)

Interessados em prosseguir usufruindo dos vícios e do que consideram prazeres, grande multidão de Espíritos tudo faz para impedir qualquer esforço que vise libertar o ser humano da inferioridade.

Através dos encarnados, têm esses Espíritos possibilidades de sustentar o intercâmbio de energias desequilibrantes. Por isso, lutam por manter as posições conquistadas junto aos homens, como também se empenham em impedir-lhes a renovação para o bem.

Sob esse aspecto, toda e qualquer atividade nobre que tenha por escopo livrar as criaturas humanas do jugo das paixões inferiores será objeto de suas investidas, a fim de obstar-lhe o desenvolvimento. Natural, pois, que os Grupos Espíritas que lidam diretamente com esses irmãos desencarnados sejam alvo de seu assédio, que se mostra especialmente intenso.

Todos nós, lidadores da desobsessão, não ignoramos que somos vigiados atentamente pelos obsessores. Ao nos ligar a algum caso de obsessão, automaticamente passamos a receber as vibrações negativas dos perseguidores invisíveis, que estão atuando na área sob nosso interesse. Somos assim espreitados, analisados, acompanhados. Meticulosamente examinados, eles avaliam a nossa posição espiritual, a sinceridade dos nossos propósitos, a perseverança no bem, o esforço que estamos despendendo para melhorar e, é claro, as brechas que apresentamos. Nossas falhas e deficiências são observadas e aproveitadas por eles. Têm mesmo a intenção declarada de nos tirar do caminho, empregando, para atingir tal intento, todas as armas de que dispõem.

Se estivermos invigilantes, descuidados, ofereceremos campo às mentes desequilibradas que se acercarão de nós e, encontrando desguarnecidas as nossas defesas, terão possibilidades concretas de conseguir o nosso afastamento e de se regozijarem com a nossa queda.

Muitos são os meios usados pelos obsessores, quase todos eles bastante estudados, pois já sabemos que sua ação é organizada. Usam de várias técnicas, insuflando nos integrantes dos grupos as ideias que elaboram. Usam, por exemplo, a ideia do **comodismo** para afastar as pessoas das reuniões, gerando argumentos do tipo: "as reuniões são boas, mas hoje eu não vou porque trabalhei muito"; "eu já produzi muito nas reuniões, por isto faltar hoje não faz mal"; "eu sou muito assíduo, todo mundo falta, menos eu"; "estou cansado, vou orar em casa, faz o mesmo efeito" etc.

Procuram disseminar a desconfiança entre os participantes, dando origem a pensamentos desta ordem: "será que falaram isto para mim?"; "acho que estão insatisfeitos comigo"; "acho que não confiam na minha mediunidade" etc.

São muitos, como é fácil de se imaginar, os recursos empregados, ressaltando-se também as manobras no sentido de aguçar o amor-próprio, o melindre, o personalismo, o apego aos pontos de vista pessoais, a vaidade e toda a coorte de deficiências que avassalam o ser humano.

A ação desses obsessores, logicamente, não fica circunscrita aos grupos mediúnicos. Ela se alastra à procura de terreno fértil e o que foi dito para as reuniões vale igualmente para todo o movimento espírita.

Essa a razão pela qual os benfeitores espirituais não se cansam de alertar-nos, reiterando a cada dia os apelos à nossa reforma íntima. A maioria de nós ainda somos bastante teóricos, sabendo de cor e salteado páginas, citações, livros, mas pouco conseguindo vivenciar os ensinamentos adquiridos.

Os perseguidores estão cientes disso. Sabem perfeitamente o quanto nos é difícil vencer as paixões que nos escravizam, sobretudo nas ocorrências do cotidiano. É através dessas pequenas brechas que tentam solapar as nossas disposições mais nobres.

E, quando sintonizados em faixas inferiores, envolvidos por essas vibrações, esbarramos com os problemas de que outros companheiros são portadores, deixamos que a nossa inferioridade contumaz assome, surgindo, em consequência, os atritos, as rixas, as divergências difíceis de serem contornadas.

Não estamos querendo dizer que não deva haver divergências. Estas são normais. O que desejamos frisar é que devemos vencer o apego aos pontos de vista e opiniões pessoais, os ciúmes e as idiossincrasias que perturbam o entendimento, a fraternidade, a união. E não tenhamos dúvidas: disso se aproveitam os obsessores para fomentar a cizânia.

É admirável, sob todos os aspectos, a presciência de Kardec a esse respeito. Profundo conhecedor da alma humana, legou-nos preciosas advertências às quais deveríamos estar atentos e, sobretudo, sempre predispostos a atendê-las. É do que trata o magistral capítulo 29 de *O livro dos médiuns* – que por si só é um repositório de ensinamentos tão oportunos e atualíssimos que se diria ter sido escrito nos dias de hoje.

Nossa preocupação, pois, deve ser a de sentir e viver os ensinos da Doutrína Espirita, e se alguma competição haja de entre nós existir "outra não deverá ser senão a de fazer cada um maior soma de bem". (**Ob. cit.**, item 349.)

Quarta Parte

A Desobsessão Natural

1

Profilaxia das obsessões

"Vai, e não peques mais." – *Jesus.*

(João, 8:11.)

Profilaxia é o conjunto de medidas preventivas que evitem o aparecimento de doenças.

No caso da obsessão – sendo esta doença da alma –, a profilaxia é de vital importância.

Como vimos, existe a obsessão porque existe inferioridade em nós.

O atual estágio evolutivo do nosso planeta denota a precariedade das condições espirituais do homem.

Tudo é feito para que o ser humano se torne cada vez mais materializado. Em nossa sociedade, o indivíduo que deseja fugir aos parâmetros convencionados impostos pelo materialismo, é tachado de louco ou idiota. Inverteram-se os valores, tornando--se muito difícil a alguém destoar do que passou a ser a norma.

Todavia, isto é possível e deve ser desejado. E é o que incalculável número de pessoas está tentando fazer em todos os quadrantes do globo. Buscam avidamente uma saída, uma resposta. Desorientados, lançam-se de corpo e alma atrás de falsos profetas, que os aglomeram em torno de crenças esdrúxulas. Quando não buscam outros derivativos nos tóxicos, no álcool etc. Poucos, porém, têm discernimento preciso para escolher o caminho certo, que não lhes traga consequências funestas.

Sem embargo, o Espiritismo representa a porta que se abre, a descortinar esse caminho, que não é privilégio dos espíritas, pois o Senhor tem meios de mostrá-los a todos os povos, a todos os homens, de diferentes maneiras e gradações.

"Eu sou a porta", disse Jesus. Este o rumo que se nos oferece. É na mensagem de Amor trazida pelo Mestre que encontramos a nossa destinação. As experiências amargas que temos tido no passado indicam-nos ser esse o único meio de salvação. Salvação das moléstias da alma que se instalaram em nós.

Assim, a única profilaxia eficaz contra a obsessão é a do Evangelho. É praticar o bem e ser bom.

Tal a rota que a Doutrina Espírita estabelece para nós, revivendo a moral evangélica, aquela que reúne todas as formas de Amor capazes de nos imunizarem contra os vírus negativos, livrando-nos de contrair novas doenças da alma.

2

O antídoto

"Através do Evangelho, entretanto, encontramos o antídoto eficiente contra a sua proliferação: o amor!..." – *Euripedes Barsanulfo.*

(*Sementes de vida eterna*, Autores diversos, psicografia de Divaldo Pereira Franco, cap. 50.)

Realmente o amor – tal como o Cristo no-lo ensinou – é o único antídoto contra esse mal que grassa de maneira tão avassaladora: a obsessão.

Assim como o corpo necessita respirar, alimentar-se e repousar, a necessidade primordial do Espírito é o AMOR, para se ver curado das enfermidades que o prejudicam.

Quando aprendermos a amar sem reservas, desinteressadamente; quando conseguirmos amar sem exigências, em completa doação; quando houver em nós o amor em toda a sua plenitude, amor que se reparte por toda a humanidade, então não haverá ódios e malquerenças, guerras e disputas, desafetos e obsessores.

Somente um amor desse quilate conseguirá unir obsessores e obsidiados, terminando com as vinditas, com os sofrimentos e as dívidas.

O Espiritismo veio conclamar-nos ao amor. Veio relembrar aos homens o real significado desse sentimento sublimado que o Evangelho exprime.

Somos almas cansadas de erros e de sombras que vimos cultivando em sucessivas encarnações. A Doutrina Espírita nos oferece meios para superar tudo isto e nos ensina que o caminho é Jesus.

Se queremos o nosso aperfeiçoamento e o dos nossos semelhantes, se anelamos pela melhoria do planeta em que vivemos, devemos começar agora a cultivar o amor em nós, para reparti-lo com todos os seres humanos. Lembrando-nos de que esse aprendizado começa no lar, com o parente difícil, com aqueles que nos fiscalizam, sejam eles encarnados ou não, com o próximo mais próximo que, possivelmente, é o obsessor de ontem, agora reencarnado bem perto de nós.

Por isto, o amor é o antídoto: porque ele nos possibilita a conquista daqueles a quem devemos. E cicatriza todas as ulcerações existentes em nosso mundo interior.

E, assim, redimidos e renovados, estaremos livres para ir ao encontro do amanhã que não tarda.

3

A desobsessão natural

"Aquele que encontrou Jesus já começou o processo de libertação interior e de desobsessão natural." – *Eurípedes Barsanulfo.*

(*Sementes de vida eterna*, Autores diversos, psicografia de Divaldo Pereira Franco, cap. 50.)

Encontrar Jesus! Tal como Paulo de Tarso e Eurípedes Barsanulfo O encontraram.

Encontrar Jesus significa libertação. Libertação do passado, dos erros que nos aprisionam como pesadas grilhetas. Libertação de nós mesmos.

Encontrar Jesus, realmente, significará mudança radical na intimidade do nosso ser. Será a reforma interior definitiva – o nascimento de um homem novo, que veio finalmente à luz daquele que é a Luz do Mundo.

Essa, conforme afirma Eurípedes, **a desobsessão natural**.

Bem poucos encontraram Jesus em plenitude. A maioria de nós O estamos buscando ainda.

Entretanto, aquele que efetivamente encontrá-lo ficará virtualmente transformado.

Identificação com o Cristo significa a eclosão do Amor verdadeiro.

Mas, o que se depreende é que nós estamos descobrindo, enxergando e sentindo o Cristo, progressivamente. Lentamente a Sua presença vai sendo percebida em nosso coração. E o Espiritismo veio contribuir de maneira decisiva para esse reencontro sublime, quando tivermos atingido a plenitude da vivência cristã e espírita.

Que não desanimemos de tentar. Que não nos desviemos do caminho, porque já o tempo escasseia. Importa manter acesa a chama da fé e a luz da esperança.

Embora os empeços na jornada, resultantes da nossa pouca evolução, tudo fazem, para nos sustentar, os seres invisíveis que nos amam e que nos impelem a prosseguir. São os cireneus do amor, que vêm nos apoiar e que aguardam a nossa ascensão.

Os sacrifícios que a luta hodierna nos impõem; a firmeza e a coragem de que devemos revestir-nos para resistir às tentações das sombras; os pesados tributos de dor com que a violência e a permissividade dos costumes nos oneram; o esforço titânico para lutar contra as forças negativas, que vêm de fora para dentro e aquelas outras que se movem de dentro para fora, representam para todos nós a arena dos sacrifícios onde fomos colocados para testemunhar a nossa fidelidade ao Cristo.

Estamos na imensa arena do mundo, onde as lutas são acerbas e os testemunhos, muita vez, cruciais.

Que a Doutrina Espírita, que nos ilumina a alma, possa realmente nos tornar iluminados, no testemunho de fidelidade, de amor e de fé que formos capazes de oferecer.

Então, quando tudo terminar, quando se apagarem aos nossos olhos carnais as luzes do mundo, que possamos abandonar o invólucro físico com a serenidade de quem perseverou até o fim.

Nessa hora, sentiremos o Amor do Cristo a nos envolver e compreenderemos, por certo, que conseguimos realizar alguma coisa no processo do aperfeiçoamento.

E, meditando no infinito que nos aguarda, recobraremos as energias para prosseguir na jornada, que um dia nos conduzirá até Jesus.

Conselho Editorial:
Jorge Godinho Barreto Nery – Presidente
Geraldo Campetti Sobrinho – Coord. Editorial
Evandro Noleto Bezerra
Marta Antunes de Oliveira de Moura
Miriam Lúcia Herrera Masotti Dusi

Produção Editorial:
Rosiane Dias Rodrigues

Coordenação de Revisão:
Mônica dos Santos

Capa:
Júlio Moreira

Projeto Gráfico:
Claudio Carvalho

Diagramação:
Saraí Ayres Torres

Normalização Técnica:
Biblioteca de Obras Raras e Documentos Patrimoniais do Livro

Esta edição foi impressa pela Lis Gráfica e Editora Ltda., Bonsucesso, SP, com tiragem de 2 mil exemplares, todos em formato fechado de 138x210 mm e com mancha de 100x170 mm. Os papéis utilizados foram o Lux Cream 70 g/m^2 para o miolo e o cartão Supremo 300 g/m^2 para a capa. O texto principal foi composto em fonte Garamond 12/15 e os títulos em Bernhard Modern Rom 24/28. Impresso no Brasil. *Presita en Brazilo.*